Die dunkle Mühle
oder
Die Saga der Familie Gollwitzer

Ein Mosaik von Menschen und ihren Schicksalen
in der
Edition BoD
hrsg. von Vito von Eichborn

Gerd Scherm

Die dunkle Mühle oder Die Saga der Familie Gollwitzer

Von der Armut in der Oberpfalz bis zur Nazi-Zeit:
Ein dokumentarischer Episoden-Roman
aus 100 Jahren deutscher Geschichte

FSC
www.fsc.org
MIX
Papier aus ver-
antwortungsvollen
Quellen
Paper from
responsible sources
FSC® C105338

Gerd Scherm, 1950 in Fürth geboren und aufgewachsen, lebt seit 1996 mit seiner Frau Friederike Gollwitzer in einem alten Fachwerkgehöft in Binzwangen bei Colmberg. Gerd Scherm ist Schriftsteller und bildender Künstler. Sein literarisches Spektrum umfasst Theaterstücke, Romane, Erzählungen, Kurzgeschichten, Satiren und Essays. Einer seiner Schwerpunkte liegt in der Lyrik, die er meist in künstlerisch-bibliophiler Ausstattung präsentiert, und die auch immer wieder zeitgenössische Komponisten zu Werken anregt. Gerd Scherm war u.a. Gastdozent an der Freien Universität Berlin und an der Universität St. Gallen im Fachbereich Kultur- und Religionssoziologie. 2006 wurde er mit dem Friedrich-Baur-Preis für Literatur der Bayerischen Akademie der Schönen Künste ausgezeichnet.
Weitere Informationen unter: www.scherm.de

Vito von Eichborn war Journalist, dann Lektor im S. Fischer Verlag, bevor er 1980 den Eichborn Verlag gründete, dessen Programm noch heute ein breites Spektrum umfasst: Humor, Kochbücher und Ratgeber, Sachbücher aller Art, klassische und moderne Literatur sowie die Andere Bibliothek. Nach seinem Ausstieg im Jahre 1995 war er u.a. Geschäftsführer bei Rotbuch / Europäische Verlagsanstalt und sechs Jahre Verleger des Europa-Verlags. Seit 2005 ist Vito von Eichborn selbständig als Publizist tätig und fungiert u.a. seit März 2006 als Herausgeber der Edition BoD.
Weitere Informationen unter www.vitolibri.de.

Dem Oarmühl Karl sei Sohn sei Tochter

für Friederike

Dort am Fuße
des Steinwalds
in dunklen Tälern
der Melancholie.

Es trägt sich nicht leicht
an dieser Heimat
mit Gedanken alt und schwer.

Die Spur zurück,
Müller und Pferde,
Armut und Leid,
früher – damals,
die anderen,
die Ahnen.

Und dann noch Frau
und dann noch verwachsen.

Dennoch das Licht suchen,
den Tag jenseits des Berges.

Das Leben finden,
das eigene,
das andere.

Es bleibt eine Erinnerung
an Mühlen und Pferde
und eine Dunkelheit
des Herzens.

Gerd Scherm

Meine Buchhändlerin sagte mir, „ja", sagte sie …

Ja, die Aufarbeitung von Geschichte hat immer gute Chancen, auch, wenn sie ganz persönlich ist. Jedoch muss das Erzählte über sich hinausweisen, also Gemeingültiges mitteilen. Aber da steht ›dokumentarischer Episoden-Roman‹ … herrje, was soll das denn sein?«

Es ist genau das: die Dokumentation der Familie Gollwitzer, in Episoden zusammengefügt, und wie ein Roman zu lesen.«

Ich sah den skeptischen Gesichtsausdruck meiner Buchhändlerin und fügte hinzu: »Ja, es stimmt, der Autor macht alles, was man nicht darf. Er hält sich an keine Gattung und bastelt ein Mosaik ganz unterschiedlicher Texte. Formal mischt er Briefe und ein Manuskript aus dem 19. Jahrhundert mit Erlebnissen zu verschiedenen Zeiten, legt einen heutigen Rahmen darum und springt inhaltlich durch Episoden eines Jahrhunderts. Und dennoch: Für den Leser wird dies zu einer Familiensaga, Dokument und Roman in einem. Und es gelingt …«

»Also bitte: Wovon handelt das überhaupt? Wer sind die Helden, was die Konflikte?«, unterbrach mich meine Buchhändlerin, wie immer apodiktisch und zweifelnd.

»Also gut: Nicht der Gegenstand dieses Buches, aber der eigentliche Held ist Helmut Gollwitzer, da er der berühmteste der Familie wurde; wir kennen ihn als Theologen, engagierten Sozialisten, Kämpfer gegen Atomwaffen und Freund von Rudi Dutschke. Hier jedoch wird erst gegen Ende des Buches von ihm erzählt, bis er unter den Nazis Rede- und Publikationsverbot bekam. Sein literarischer Gegenspieler im Buch ist der Physiker und Nobelpreisträger Johannes Stark, Nazi und scharfer Antisemit, ein entfernter Cousin von Gollwitzer.«

»Also spielt das Buch im ›Dritten Reich‹?«, wollte meine Buchhändlerin wissen.

»Aber nein, es umfasst ein ganzes Jahrhundert. Alles beginnt mit dem Urahn Georg Gollwitzer und seinem Vetter Adam um die Mitte des 19. Jahrhunderts in der Oberpfalz. Halt, nein, es beginnt heute, mit Friederike Gollwitzer, einer entfernten Nichte des besagten Helmut, die nach dem Tod ihres Vaters Aufzeichnungen des Großvaters findet, die ihre Neugier wecken: auf Herkunft und Geschichte der Ahnen. Übrigens ist Gerd Scherm, der Autor dieses Buches, der Mann von Friederike, die sich auf den Weg macht, um den Ursprung der Familie in der Mohrensteinmühle im tiefsten Bayern zu erkunden.«

»Das ist mir nun zu verzwickt, wer mit wem«, meinte meine Buchhändlerin.

Nun fiel ich ihr ins Wort: »Aber das macht überhaupt nichts. Denn vom armseligen Leben auf dem Land, von den zahlreichen Kindern Georgs, die damals in die USA auswanderten, von Krieg und internationaler Politik bis zu Geburten und Beerdigungen in der weit verzweigten Familie erzählt diese Chronik wie ein historischer Roman. Und zur Eingangsfrage: Ja, das weist weit über diese Familie hinaus, denn sie steht für die Wirrungen eines Jahrhunderts auf der großen Bühne wie im kleinen mitmenschlichen Leben. Man versteht von der deutschen Geschichte …«

Meine Buchhändlerin hörte nicht zu. Sie blätterte hier und da, »ach ja, die Überfahrten im Zwischendeck« und »stimmt, in Cleveland gab's eine große deutsche Kolonie« und »richtig, die Bekennende Kirche unter den Nazis« … wie immer verstand sie es, mit professionell diagonalem Leseblick inhaltliche Stichworte zu finden. »Das ist ja richtig lebendig geschrieben und, ja, das Geflecht aus Versatzstücken ›schmeckt‹ ja wirklich wie ein Roman. Da fallen mir viele Kundinnen ein …«

Sie brach ab und ließ mich stehen, denn eine solche hatte den Laden betreten. Ich schlenderte hinter ihr her und hörte zu meinem Vergnügen, als ich vorbeikam, »also ich finde es sehr spannend, wenn Autoren in den eigenen Familiengeschichten fündig werden. Zur Spannung kommt die historische Echtheit, die das so glaubwürdig macht.«

Da war mir klar, dass ich … nein, dieser Text … meine Buchhändlerin gewonnen hatte, dieses Buch weiter zu empfehlen. Über den Erfolg von Büchern entscheidet ja bekanntlich die Mund-zu-Mund-Propaganda.

Da bleibt mir nur, ihr Recht zu geben für diese so unterhaltsame wie erhellende Lektüre.

Vito von Eichborn

Inhaltsverzeichnis

Gegenwart: Friederike 13
Vergangenheit: Die dunkle Mühle 22
Gegenwart: Fürth und Mohrenstein 40
Vergangenheit: Sankt Ötzen 45
Gegenwart: Besuch in St. Ötzen 62
Vergangenheit: Überfahrt im Zwischendeck 68
Gegenwart: Das Labyrinth der Informationen 87
Vergangenheit: Briefe aus Amerika 90
Gegenwart: Lebensspuren 111
Vergangenheit: Auf der Mühle – Karl 114
Gegenwart: Mohrenstein im Winter 136
Vergangenheit: Heimat Mohrenstein 141
Gegenwart: Ein Tabu und eine Briefmarke 146
Vergangenheit: Eine Reise nach Schweden 148
Vergangenheit: Das Pfarrhaus am Bodensee 154
Vergangenheit: Ein Besuch bei Johannes Stark 164
Gegenwart: Berlin-Dahlem 169
Vergangenheit: Abenddämmerung 174
Vergangenheit: Der Physik-Führer 181
Vergangenheit: In der Hauptstadt des Untergangs 191
Epilog 200
Quellen 209

Gegenwart:

Friederike

Am Grab entgleitet uns der Fluss der Gegenwart, hier mündet er für immer in den Ozean Vergangenheit. Oder sollte der Stein mit der schlichten Aufschrift „Wilhelm Benedikt Gollwitzer" ein Fels im Meer der Zeit sein? Eine neu entstandene Insel, efeubewachsen, darauf zu siedeln in einer anderen Welt?

Friederike wandte sich nachdenklich vom Grab ihres Vaters ab. Fortan würde dieser Ort für sie der letzte Ankerpunkt in Regensburg sein, denn die Lebenden, die ihr etwas bedeuteten, hatten der Stadt den Rücken gekehrt. Ihre Mutter bevorzugte als Alterssitz den lieblichen Main mit seinen Weinbergen und verließ die mächtige Donau und die sie überspannende Steinerne Brücke, die Geschlechtertürme und den Dom. Gedankenverloren erreichte Friederike das alte Haus hinter dem Park. Als Letzte der sieben Geschwister hatte sie hier bis Studienbeginn bei den Eltern gelebt, in einer Wohnung, die viel zu klein war für sie alle und die dann doch Jahr für Jahr mehr Raum bot, weil die anderen gingen. Und auch beim Abholen der Hinterlassenschaft war Friederike wie so oft die Letzte, weil sie eben erst von einer Reise zu den schottischen Hebriden zurückgekehrt war. Doch der Exodus von Vergangenheit hatte schon vor Wochen eingesetzt, als die Geschwister begannen, ihre Wunschmöbel mit Zetteln zu markieren, gleich Pfandsiegeln der Begehrlichkeit. Namenskürzel mit Bleistift in Bücher eingetragen gaben Aufschluss über Vorlieben, und dass sich manche Bände nun dennoch auf dem Fußboden stapelten, erzählte von der Flüchtigkeit der Interessen.

Die Akustik der Räume, das hohle Echo der Schritte, klang erschreckend unbehaust. Die Wohnung hatte ihre Daseinsform als menschliche Heimat längst hinter sich gelassen, und jedes Geräusch klang abweisend.

In Vaters ehemaligem Zimmer stand sein viel geliebtes Cembalo, davor zwei verschlossene Pappkartons. Auf dem Instrument lagen eine kleine Schachtel und ein in Holz gerahmtes Foto, das in aufwändiger Studiodekoration des ausgehenden neunzehnten Jahrhunderts sechs Männer zeigte: den Großvater und seine fünf Brüder. Die sepiafarbene Fotografie begann bereits zu verblassen, doch der Stolz, mit dem die Brüder in die Kamera blickten, schien ungebrochen.

Friederike warf einen Blick in die kleine Schachtel, und ihr fiel sofort eine blaue Schatulle mit aufgedrucktem goldenen Bundesadler auf. Sie drückte auf den Verschlussknopf, und der Deckel hob sich. Vaters Bundesverdienstkreuz glänzte auf blauem Samt, daneben die kleine Ordensspange als Anstecknadel. Hörbar klappte Friederike die Schatulle wieder zu, und der Raum antwortete mit einem kalten Echo. Der Vater, der Lehrer gewesen war und sonntags in der Kirche die Orgel gespielt hatte. Die Frau, die Mutter, die man ebenfalls mit dem Bundesverdienstkreuz ausgezeichnet hatte, Jahre später, für ihr Engagement für Südafrika. Sie hatte sich die finanziellen Zuwendungen für die Befreiung von der Apartheid von den Mündern ihrer sieben Kinder abgespart, auch mit einem zusätzlichen »Miss a meal« jeden Freitagabend. Mit den hungrigen Mäulern pflegte der Vater ab und zu Hausmusik, weil er das Zusammenspiel liebte, nicht aber das Zusammensein.

Später kamen für Friederike die Musikhochschule und andere Begegnungen der klingenden Art sowie Berührungen mit Instrumenten, die es eigentlich gar nicht mehr gab, die sich in alten Kupferstichen verbargen oder auf den Bildern eines Hieronymus Bosch und die dennoch in ihren Ohren wunderschön klangen. Ein Verlangen war geboren, eine Sehnsucht gepflanzt, ein Weg tat sich auf, der vorher verschollen lag. Die Musik war zum Tor geworden, durch das Zink, Drehleier und Dudelsack traten. Eine genetische Zeitkapsel war aufgebrochen und hatte sich Gehör verschafft.

Friederike riss sich aus ihrem Tagtraum und setzte sich auf den einen großen Karton und öffnete den anderen. Wie erwartet befanden sich darin Bücher und Musiknoten, aber zu ihrer Überraschung auch ein großes, braunes Kuvert mit der Aufschrift »Karl«. Neugierig sah Friederike hinein. Es waren viele kleine Papiere darin, alle eng beschrieben – gebrauchte Briefumschläge, Zettel, Papiertütchen – über und über mit Buchstaben bedeckt. Außerdem war in dem Kuvert ein Packen mit einer alten Schreibmaschine beschriebener Blätter. Friederike zog diesen heraus und las auf dem Deckblatt:

Kindheit und Jugend in Mohrenstein
Erinnerungen unseres Vaters
Karl Gollwitzer (1868-1947)

Neugierig blätterte Friederike zur nächsten Seite:

Geburt und Taufe

Am 19. Mai 1868 kam in Mohrenstein ein Büblein zur Welt, so elend und schwach, dass man es nicht für lebensfähig hielt und glaubte, es werde die Nacht sicher nicht überleben. Die besorgten Eltern überlegten nun, wie man das Kind am schnellsten zur Taufe bringen könnte, ehe es wieder aus dieser Welt gehe. Es war gerade ein Tag, da war der Pfarrer, der sonst seinen Wohnsitz in Wilchenreuth hatte, zu kirchlichen Funktionen in Püchersreuth. Um keine Zeit zu verlieren, wurde die Magd beauftragt, das Kind nach Püchersreuth zu tragen, damit es durch den Pfarrer die Nottaufe erhalte. Es wurde ihr ans Herz gelegt, sich zu beeilen, damit sie nicht zu spät komme. In Püchersreuth angekommen, stieß die Magd auf eine Frauensperson, die Geliebte unseres Mühlgesellen. Diese war auf die Mohrensteiner Magd eifersüchtig. Ob mit Recht oder Unrecht, weiß ich nicht. Zuerst ein Wortwechsel, dann Streit und schließlich ein intensives Geraufe. Der Wickel mit dem zarten Inhalt flog in weitem Bogen auf die Straße. Da gerade ein Regentag war, hatte der dicke Kot zum Glück eine federnde Wirkung. Der Schauplatz dieses ungewöhnlichen Vorkommnisses war gerade vor dem Wirtshaus, aus dem Gäste und Wirtsleute diesem Skandal zusahen. Diese beeilten sich nun, den Wickel mit Inhalt, der glücklicherweise nicht herausgeflogen war, an sich zu nehmen und den Eltern wieder zuzustellen. Sofort wurde eine andere Person mit dem Kinde nach Püchersreuth geschickt. Aber der Pfarrer war schon fort, und so blieb das allem Anschein nach todgeweihte Kind für heute ungetauft. Der kleine Erdenbürger hat die Nacht überlebt, und tags darauf konnte man feststellen, dass er mehr Lebensenergie zeigte. Nun hatte es mit der Taufe keine Eile mehr. Diese wurde dann, wie üblich, etwas später im Elternhaus vollzogen. Der Pfarrer

Hartung, ein alter, immer kränklicher Mann, nahm natürlich am Taufschmaus teil. Er fühlte sich an diesem Tag gerade besonders wohl, so dass er zu den Eltern des Kindes sagte: »Sie hätten mich um den heutigen schönen Tag gebracht, wenn die Nottaufe gelungen wäre.« Nachträgliche Folgen hatte der Sturz bzw. der Wurf nicht. Man ist versucht anzunehmen, dass erst die Erschütterung die Lebensgeister des kleinen Mannes wachgerufen hat. Und dieses kleine Kind gedieh zusehends zum Großkind, zum Jüngling und zum Mann und steht nun an der Schwelle des Greisenalters. Weil ich doch »Erinnerungen« schreiben will, so möchte ich betonen, dass ich das Geschilderte von meinen Eltern übernommen habe. Das anscheinend dem Tod verfallene Kind war nämlich ich selbst.

Das Schrillen der Klingel riss Friederike aus ihrer Lektüre. Benommen wie nach einem langen, tiefen Schlaf musste sie sich erst orientieren, wo sie überhaupt war. Wieder forderte die Klingel drängend ihre Aufmerksamkeit, und sie erinnerte sich, dass es die Freunde sein mussten, die ihr beim Transport des Cembalos helfen wollten.

* * *

Der Besuch in Regensburg lag schon wieder einige Monate zurück, das Cembalo harrte beim Restaurator seiner Generalüberholung, die Bücher waren in ein Regal einsortiert, die gerahmte Fotografie stand bei den anderen Bildern, die darauf warteten, aufgehängt zu werden, und der dicke Umschlag mit der Aufschrift »Karl« lag auf der lederbezogenen Arbeitsplatte des alten

Sekretärs. Daneben ein dicker, großformatiger, in grobes Leinen gebundener Band, dessen Titel in Schwabacher Frakturschrift in braunen Buchstaben eingeprägt: »Die Gollwitzer«.

Zurück in ihrem kleinen Häuschen im mittelfränkischen Fürth, waren die Aufzeichnungen ihres Großvaters und dieses Buch von 1929 mit seinen endlosen Ahnenreihen und Anekdoten über die einzelnen Familienzweige in den letzten Tagen ihre einzige Lektüre gewesen. Friederike besaß derzeit keinen Nerv für Literatur, die sich mit den Problemen fremder Leute beschäftigte, denn ihr Leben war im Umbruch. Ihr mehr aus Pflichtbewusstsein denn aus pädagogischem Eros gespeistes Lehrerdasein hatte krankheitsbedingt ein vorzeitiges, aber durchaus willkommenes Ende erfahren. Die Knochen und auch die Seele ertrugen es nicht mehr. Die seit Friederikes Pubertät vorhandene schwere Skoliose verschlechterte sich zusehends zu einem auf dem Röntgenbild deutlich sichtbaren »S« und verbündete sich noch dazu mit einer beidseitigen Hüftarthrose zum Pensionierungsgrund. So waren die letzten Wochen erfüllt von Untersuchungen, Gutachten und Behördengängen. *Je kränker du bist, desto mehr drehen sie dich durch die Mangel*, dachte Friederike verärgert.

Doch nun war er da, der Bescheid der vorläufigen Versetzung in den Krankenruhestand und mit ihm ein gänzlich anderes Leben, das nun im Alter von zweiundvierzig Jahren beginnen konnte. Die frisch gebackene Pensionärin saß am alten Sekretär aus massiver Eiche, heftete das Freiheit verheißende Dokument ab und klappte den Aktenordner zu. So bewusst wie eine Tür, von der man weiß, dass man sie nie wieder öffnen wird. Nun konnte sie sich den Dingen widmen, die sie interessierten, auch wenn diese scheinbar unnütz waren: der Beschäftigung mit den eigenen Vorfahren.

Mit der neu erwachten Energie stürzte sich Friederike an diesem Abend ins Leben. Ein Vortrag über »Mozart als Freimaurer«

im Fürther Logenhaus schien ihr der rechte Anlass für ihre Rückkehr unter Menschen.

Mit diesem Haus aus dem Jahre 1891 haben die Fürther Freimaurer sich und ihrem Bund ein wunderschönes Denkmal gesetzt. Friederike genoss immer wieder den Anblick des in einen Garten eingebetteten imposanten Gebäudes mit seiner detailreichen Fassade im Historismusstil spanischer Prägung. Neugierig auf die Inneneinrichtung stieg sie erwartungsvoll, den Schmerz in den Hüftgelenken ignorierend, die repräsentative Treppe in den zweiten Stock empor. Die Freimaurer hatten eigens für diesen Anlass ihren Tempel geöffnet und in einen Vortragssaal verwandelt.

Der Vortrag beschränkte sich jedoch fast ausschließlich auf »Die Zauberflöte« und ihre freimaurerische Symbolik. Über Mozart als Freimaurer und die Freimaurerei an sich erfuhr man leider nichts.

Friederike hoffte im inoffiziellen Teil der Veranstaltung jemanden zu finden, der ihre diesbezügliche Neugier befriedigen konnte.

Während sich das Publikum langsam erhob und sich kleine Grüppchen bildeten, blickte sich Friederike nach dem jüngeren Mann um, der ihr zuvor in der Diskussion aufgefallen war. Er hatte fachkundig und ruhig alle Fragen beantwortet und erschien wirklich kompetent. Jetzt stand er allein in der Nähe des Rednerpults. Freundlich erwiderte er Friederikes Begrüßung und stellte sich als Arno Schott, Mitglied der hiesigen Loge, vor. Innerhalb kürzester Zeit waren beide in ein anregendes Gespräch vertieft. Souverän und ohne Geheimniskrämerei beantwortete der Freimaurer alle Fragen. Ohne es zu merken, schlenderten sie dabei durch den Tempel und standen auf einmal im Foyer, wo sich an einer Theke das türkische Hausmeisterehepaar um das leibliche Wohl der Besucher kümmerte. Arno Schott holte zwei Gläser Orangensaft, und nach dieser kurzen Unterbrechung setzten sie ihre Unterhaltung fort, von der Freimaurerei zur Religion und Philosophie und weiter zur Geistesgeschichte und zur Literatur. In einer Gedankenpause fragte Friederike neugierig: »Was sind Sie eigentlich von Beruf?«

»Das ist eine schwierige Frage. Ich mache sehr vieles, aber nichts, wofür ich ein monatliches Gehalt bekomme: Essays, Vorträge, literarische Arbeiten wie Lyrik, Kurzgeschichten, Romane und Dramen, dazu Forschungen in Sachen Religionen, Mythologie und Geschichte, ab und zu ein Seminar über Wahrnehmung, Symbole und dergleichen mehr. Früher hätte man mich vielleicht einen Privatgelehrten genannt, heute wäre Schriftsteller die zutreffendste Bezeichnung. Sie gefällt mir aber nicht besonders gut.«

»Warum mögen Sie denn diese Bezeichnung nicht? Schriftsteller hört sich doch durchaus respektabel an«, wandte Friederike ein.

»Es klingt so handwerklich: Schrift-Stellen. Das erinnert mich immer an Schrift-Setzen. Nichts gegen Handwerk, ich schätze die Handwerkskunst sehr hoch, aber es ist eben nicht das, was ich mache. Schrift-Stellen fühlt sich so mechanisch an, quasi ein Wort neben das nächste stellen, so lange, bis ein Text fertig ist. Meine Tätigkeit läuft doch ganz anders ab: im Kopf, im Bauch, im Herzen, ich weiß nicht, wo sonst noch. Aber die Hände haben damit ganz wenig zu tun, die kommen erst sehr spät ins Spiel, bei der Tastatur des Computers.«

»So habe ich das noch nie gesehen«, antwortete Friederike nachdenklich.

»Und was machen Sie beruflich?«, fragte er.

Friederike musste unwillkürlich lachen, und ihr Gesprächspartner sah sie irritiert an. Dann entschuldigte sie sich und sagte: »Das hat nichts mit Ihnen oder Ihrer Frage zu tun. Ich bin, wie soll ich sagen, Jägerin. Jägerin auf der Spur des Blutes meiner Vorfahren.«

»Falls Sie einmal Hilfe brauchen, ich kenne mich da ein wenig aus. Rufen Sie mich einfach an.«
Mit diesen Worten gab ihr Arno Schott seine Visitenkarte.

Daheim in ihrem kleinen Häuschen zündete Friederike eine Kerze an, löschte die Zimmerbeleuchtung und legte die Freimaurer-Musik von Mozart auf. Dann ließ sie sich auf die Couch fallen und erlaubte ihren Gedanken mit der Musik davonzudriften. Und diese kehrten schnell zum Buch der Ahnen zurück, zu all den Namen und Anekdoten.

Manchmal gibt es Situationen, wo es kein Wohin mehr gibt, ohne das Woher zu kennen. Wenn der eigene Platz in der Wüste dieses Seins scheinbar unverrückbare, unerschütterliche Fixpunkte gefunden hat und die Geier bereits erwartungsvoll über dem Rest der Existenz kreisen, erscheinen auch obskure Möglichkeiten handfester als die Fata Morgana eines morgigen Tages. Friederike wollte sich in den Nebel wagen, in die Abgründe ihrer genetisch-mythischen Herkunft hinabsteigen. Sie ahnte, dass es mehr sein würde als eine Beschäftigung, die Zeit zu vertreiben. Sie spürte, dass es eine Parallele zur Geschichte von Eva und dem Apfel sein würde. Wenn man hineingebissen hat oder von seinem Ausflug in die Historie zurückkehrt, steht gewiss der Engel mit dem flammenden Schwert vor dem Paradies und verweigert auf ewig den Zutritt.

Vergangenheit:

Die dunkle Mühle

(Mohrensteinmühle in der Oberpfalz, Bayern, Mai 1858)

Allmählich machte er sich zum Gespött der Leute. Vier Jahre war es nun schon her, dass er die Mohrensteinmühle samt Bauernhof gekauft hatte, und der Vorbesitzer saß immer noch mit auf dem Anwesen. Klar, anfangs war er froh gewesen, dass ihm der fast zwanzig Jahre ältere Vetter Georg mit seinen Kenntnissen half, denn er selbst war kein Müller, und er stammte auch nicht aus einer Mühle. Aber es wäre wohl sinnvoller gewesen, einfach einen Müller in Lohn und Brot zu nehmen, als den Vorbesitzer Georg Gollwitzer samt Frau und neun Kindern auf dem Hof zu haben.

Adam Gollwitzer ärgerte sich über sich selbst. Er stand oben auf der Treppe des »Schlössles« und ließ seinen Blick über seinen Besitz schweifen: die Mühle mit Wohnhaus, geschützt von einem gewaltigen hohen, langen Dach, unter dem Georg mit seiner Familie lebte. Adam sah auf die Ställe, Scheunen und Schuppen, die zusammen mit der Mühle und dem »Schlössle« einen für diese Gegend typischen, geschlossenen vierseitigen Hof bildeten. Das »Schlössle« genannte Herrenhaus war etwas ganz Besonderes. Der ungewöhnliche Rundbau ging auf den böhmischen Adeligen Wilhelm Thomas von Satzenhofen zurück, der ihn kurz nach dem Dreißigjährigen Krieg begonnen hatte. Das Erdgeschoss beherbergte die Ställe für die Pferde und die Maultiere. Adam, seine Frau Eva, der zweieinhalbjährige Sohn Michel und die drei Monate alte Tochter Liesel bewohnten das Stockwerk darüber. Die Wohnung im Obergeschoss erreichte man über eine breite steinerne, von Efeu umrankte Außentreppe.

Die trutzige Abgeschlossenheit des Gehöfts wurde von der umgebenden Landschaft noch erheblich verstärkt. Der Floßbach, der Schwarzenbach und der davon abgeleitete Mühlbach schnitten das Anwesen ebenso vom Rest der Welt ab wie die steilen Abhänge auf allen Seiten des Talkessels. Dazu lag die nächste menschliche Ansiedlung eine gute halbe Stunde Fußmarsch von der »Oarmühl«, wie die Einheimischen das Anwesen nannten, entfernt.

Adam seufzte. Er musste sich endlich gegen den Georg durchsetzen! Zwei Jahre drängte er nun schon darauf, dass sich der Vetter wieder ein eigenes Anwesen anschaffen sollte. Doch der machte keine Anstalten, die Mohrensteinmühle zu verlassen. Der Witwer hatte sogar kurz nach dem Verkauf des Gehöfts im Jahr 1854 ein zweites Mal geheiratet, und die Schar seiner Kinder war inzwischen auf neun gewachsen. Es schien, als wolle er seine Familie noch weiter vergrößern: Erst im vorigen Monat war dem Vetter ein Büblein geboren, das aber gleich am Tag nach der Geburt verstarb.

Zwar halfen Georgs Kinder je nach Alter und Fähigkeiten in Mühle, Haus und Hof, doch kam eine elfköpfige Familie den Bauern und Mühlenbesitzer Adam erheblich teurer als ein paar zusätzliche Knechte und Mägde. Derzeit arbeiteten außer Georg und seinen Kindern in der Mühle ein Müllergeselle und ein Mühlbub, auf dem Bauernhof drei Knechte und zwei Mägde. Zu all diesen Essern kam noch Berta, die »Kostgängerin«, die man in Mohrenstein einquartiert hatte.

Die Gemeinde Störnstein verteilte die Armenversorgung auf alle Höfe. Die Bedürftigen wohnten und schliefen im Armenhaus, zum Essen aber gingen sie auf die Bauernhöfe, die zur Gemeinde gehörten. Und zwar je nach Größe der Höfe drei bis vierzehn Tage. Mohrenstein musste sogar vier Wochen für die Kost aufkommen, weil es mit Abstand das größte Anwesen in der Gemeinde war. Dazu kam, dass die Einöde sehr abgelegen war und die Kostgänger deshalb praktischerweise während der ganzen vier Wochen auf dem Hof wohnten. Zurzeit logierte wieder einmal die Höllerer Berta, eine Frau von etwa fünfzig Jahren, auf Mohrenstein. Ihr Mann war schon vor vielen Jahren beim Holzrucken umgekommen, und von den zehn Kindern war ihr auch keines geblieben. Einige waren schon gestorben, die übrigen lebten inzwischen alle in Amerika. Zurück blieb eine verbitterte und verarmte Frau, deren Geist in der Vergangenheit umherirrte. Ständig sprach sie mit ihrem verstorbenen Mann oder einem ihrer nicht vorhandenen Kinder. Trotz all ihrer Sonderlichkeiten machte sich die verwirrte Berta mit einfachen Arbeiten beim Kochen und auf dem Hof nützlich.

Obwohl der Vorbesitzer Georg Gollwitzer lediglich in Lohn und Brot stand, verhielt er sich nach außen hin, als wäre er immer noch Herr im Haus und auf der Mühle. Er verhandelte eigenmächtig mit den Bauern und legte die Mahlpreise fest, ohne sich mit Adam, dem Mühlherrn, abzustimmen. Dabei stellte sich Georg meist nicht sehr geschickt an und ließ sich immer öfter von der Kundschaft übertölpeln.

Je länger Adam über die Situation nachdachte, desto wütender wurde er. Längst redeten und lachten die Bauern in den Wirtshäusern der Umgebung über ihn, weil er sich so auf der Nase herumtanzen ließ. Er merkte, wie er mehr und mehr an Respekt verlor, selbst hier beim Gesinde. So konnte es nicht weitergehen, Georg musste endlich verschwinden! Bei allem Mitleid mit dessen großer Familie und bei aller Rücksicht auf die Verwandtschaft, die Grenze war für Adam längst überschritten. Sobald der Vetter von seiner Lieferfahrt mit dem Fuhrwerk zur Mohrensteinmühle zurückgekehrt wäre, würde er ihm ein Ultimatum stellen.

Entschlossen ging Adam die Treppe hinunter, um auf dem Hof auf Georg zu warten.

Die Wiese vor dem Anwesen hieß Bruckfleck, und dort tauchte jetzt Georg mit dem von zwei Maultieren gezogenen Fuhrwerk auf. Er fuhr langsam über die hölzerne Brücke über den Mühlbach und durch das große rundbogige Tor auf den Hof, bog nach links ab und hielt direkt vor der Mühle.

Adam hob die Hand zum Gruß, Georg nickte zurück und stieg vom Kutschbock herunter. Lorenz, der Mühlknecht, trat an den Wagen, schulterte wortlos einen der Säcke und trug ihn in die Mühle.

»Ich muss mit dir reden, Georg!«, sagte Adam mit leicht vibrierender Stimme.

»Wenn du wieder über die Mitz meckern willst, kannst du es gleich lassen. Das ist meine Angelegenheit!«

Mohrenstein war eine Lohnmühle, und da spielte die Mitz, der Mahllohn, eine wichtige Rolle. Für den gab es zwei Möglichkeiten: entweder Bezahlung mit Geld oder mit einem bestimmten Anteil vom Mahlgut, entweder als Korn oder als Mehl.

Zu Adams Leidwesen ließ sich Georg von den Bauern immer wieder zur Bezahlung mit Naturalien überreden. Doch Adam brauchte Bargeld. Viehfutter produzierte der Hof selbst genug, da wäre das Verfüttern des Korns reine Verschwendung. Und der Verkauf des Mehls an Bäckereien gestaltete sich auch nicht immer einfach.

Aus den Augenwinkeln sah Adam, dass die Mägde Katharina und Rosa am Brunnen standen und neugierig herüberschauten. Er wollte nicht vor dem Gesinde mit Georg verhandeln und forderte ihn deshalb auf, mit ihm zum »Fidelbankl« zu gehen, damit sie ungestört, vor allem ungehört reden konnten.

Das »Fidelbankl« war ein Teil der Sägemühle. Diese befand sich als einziges Gebäude außerhalb des Hofgevierts gegenüber der Kornmühle. Es besaß ein eigenes Antriebsrad, und das Sägeblatt bewegte sich in der hölzernen Konstruktion auf und ab wie der Bogen eines Tanzgeigers.

Missmutig folgte Georg dem Adam durchs Tor in die Sägemühle.

»Also, worum geht es?«, fragte der Müller barsch.

»Um dich und mich und die Mühle! So kann es nicht weitergehen. Mohrenstein verträgt keine zwei Herren! Seit zwei Jahren bitte ich dich inständig, dass du dir wieder etwas Eigenes suchst. Aber bis heute ist nichts passiert!«

Adam schlug wütend mit der Faust gegen einen Balken.

»Doch, doch, ich suche schon. Aber es ist nicht einfach, etwas zu einem vernünftigen Preis zu finden. Die wollen einen doch alle übers Ohr hauen.«

»Lüg nicht! Die Auswanderer verkaufen billig wie nie«, widersprach Adam.

»Aber es geht uns doch nicht schlecht, und meine Kinder helfen auf dem Hof fest mit. Wir sind doch alle Gollwitzer«, versuchte Georg die Situation zu entschärfen.

»Darum geht es doch gar nicht. Ich habe nichts gegen dich und deine Familie. Aber die Knechte und Mägde zerreißen sich schon das Maul, dass ich ein Bauer bin, der auf seinem eigenen Hof nichts zu sagen hat.«

»Dummes Gerede! Darauf darfst du nichts geben!«, beschwichtigte Georg.

»Du hast leicht reden, dich betrifft es ja nicht. Aber ich lass mich von dir nicht mehr länger zum Narren halten. Zwanzigtausend Gulden habe ich dir für den Hof und die Mühle bezahlt. Da brauchst du freilich nicht auf das Geld bei der Mitz zu schauen, du hast ja genug Bares!«

»Ich habe immer gut gearbeitet«, wandte Georg ein. Bevor er

weiterreden konnte, unterbrach ihn Adam: »Verstehst du mich denn wirklich nicht? Du musst verschwinden, sonst gehe ich zugrunde. Im Herbst ist endgültig Schluss! Ich gebe dir noch Zeit bis zum 31. Oktober, da müsst ihr spätestens ausziehen.« »Aber ...«, Georg wollte widersprechen, doch ein Blick in Adams Augen ließ ihn verstummen. Dem Vetter war es Ernst wie nie zuvor, und es gab nichts mehr zu verhandeln.

* * *

Adams Blicke schweiften immer wieder ruhelos durch die kleine Kirche von Püchersreuth. Er konnte sich partout nicht auf die Predigt konzentrieren, zu sehr beschäftigten ihn seine eigenen Probleme. Gestern war er dreißig Jahre alt geworden, und heute Nachmittag würde man seinen runden Geburtstag auf der Mohrensteinmühle feiern. Vorsichtig tastete seine Hand nach dem nagelneuen Filzhut, dem Geburtstagsgeschenk seiner Frau Eva. Heimlich hatte sie ihn gekauft, als sie kürzlich in Weiden beim Arzt gewesen war, und ihm gestern feierlich überreicht.

Die Stimme des Pfarrers plätscherte wie der Mühlbach als monotones Hintergrundgeräusch. Adam kannte den Grund seiner inneren Unruhe nur zu gut: die Angst vor der Begegnung mit seiner Mutter. Denn die würde ihn heute Nachmittag fragen, warum er immer noch nicht Herr auf Mohrenstein sei. Und er könnte ihr nicht antworten, dass sie das nichts angehe, denn sie war es gewesen, die den Kaufpreis von zwanzigtausend Gulden bezahlt hatte. Genauso wie sie ihm vorher das Gasthaus bezahlt hatte, das seine Eva dann doch nicht wollte, weil sie Wirtshäuser nicht mochte. Und als dann eine Konventionalstrafe fällig wurde, weil er vom Kauf zurücktrat, war es wieder seine Mutter gewesen, die finanziell einsprang. Er musste sich eingestehen, dass er in seinem Leben noch nichts Eigenes zustande gebracht hatte.

Adam begann die Hunde in der Kirche zu zählen. Natürlich keine lebendigen Hunde, denn keiner würde es wagen, ein Tier zum Gottesdienst mitzubringen. Er zählte die Hunde auf den vielen Wappen des Geschlechts derer von Hundt, die die kleine Kirche dominierten. Hier gab es mehr Hundewappen als Kreuze. Auf den Grabtafeln sah man sie ebenso wie auf den Wandmalereien, an der Orgel und über dem Altar. In diesem Kirchlein bekam man den Eindruck, man bete nicht zu Jesus von Nazareth, sondern zu Jesus von Hundt.

Nach dem Schlusschoral ergriff Adam eilig seinen neuen Hut. Als er mit Eva ins Freie trat, blinzelte er in die Sonne. Seine Frau hakte sich bei ihm ein, und sie verließen den Kirchhof durch die kleine Pforte. Der halbstündige Heimweg von Püchersreuth nach Mohrenstein führte stetig bergab, und so beschleunigte Adam unbewusst mehr und mehr, bis seine Frau lachend sagte:

»Renn doch nicht so! Du kommst noch früh genug zum Mittagessen!«

* * *

Vom Fenster seiner Stube im ersten Stock sah Adam ein Fuhrwerk auf den Hof fahren: »Die Bochsdorfer« waren angekommen – seine Mutter, sein Bruder Michel und dessen Frau Marie.

Er eilte die zweiundzwanzig steinernen Stufen der Schlössle-Treppe hinab, um sie zu begrüßen. Dabei stritten zwei Gefühle in seiner Brust: Zum einen freute er sich über den Besuch, zum anderen fürchtete er die berechtigten Vorwürfe seiner Mutter.

Georgs Kinder sowie die Knechte und Mägde beäugten neugierig, aber aus vorsichtiger Distanz die Ankömmlinge. Auch die Kostgängerin Berta hielt sich in der Nähe auf, damit sie ihren Anteil an Kaffee und Kuchen auf keinen Fall verpassen würde.

Adam umarmte herzlich, aber wortlos seine Mutter, das *Fral*. Der Name *Fral* stammte übrigens von *Fraulein*, was nicht etwa *Fräulein* bedeutete, sondern *kleine Frau*. Das *Fral* Anna Margarethe Gollwitzer war zwar klein von Wuchs, aber ungeheuer energisch und durchsetzungsfähig.

Dann begrüßte er mit Handschlag seinen Bruder Michel und dessen Frau Marie, deren Bauch sich sichtbar wölbte, sie war im siebten Monat schwanger.

Das *Fral* überreichte ihrem Sohn einen geflochtenen Weidenkorb mit einer jungen Gans darin und meinte: »Wenn du die gut mästest, hast du zu Martini einen feinen Braten.«

Er bedankte sich bei seiner Mutter, und als er das Tier gebührend bewundert hatte, drückte ihm sein Bruder ein kleines Päckchen in die Hand. Neugierig wickelte Adam es aus. Zum Vorschein kam eine silberne Schnupftabaksdose.

Adam freute sich riesig, war doch der Schnupftabak seine große Leidenschaft.

Beim Kolonialwarenhändler kaufte er die »Karotten« genannten Stangen, zu denen der mit Zuckersoße versetzte Tabak gedreht wurde. Zu Hause rieb er sich dann immer eine Portion mit einem hölzernen Reibstempel in einer irdenen Schale, gab noch einige Kräuter dazu und versetzte das Ganze mit Butterschmalz: Sein eigener »Schmalzler«, dessen genaues Rezept er keinem verriet.

Bisher hatte er seinen Schnupftabak immer in einer alten Pillendose aufbewahrt, doch dank des Geschenks konnte er nun größere Portionen auf Vorrat zubereiten.

Er bedankte sich herzlich bei seinem Bruder und dessen schwangerer Frau und erkundigte sich nach ihrem Befinden.

Michel versprach: »Wenn es ein Bub wird, nennen wir ihn Adam. So wie du deinen ersten Sohn Michel genannt hast.«

Dann bat Eva die Familie und die Gäste zur großen Kaffeetafel in die gute Stube im Schlössle. Alle nahmen Platz, alle bis auf Georg, den Müller. Trotz Sonntag und trotz Geburtstagsfest ließ er sich nicht sehen, stattdessen drang von der Mühle das Klappern des Mahlwerks zu den Feiernden herüber. Georgs Verhalten war ein Affront und eine Provokation zugleich.

Das *Fral* warf Adam fragende Blicke zu, sagte aber nichts. Dieser konnte seinen Zorn nur mühsam unterdrücken. Georg hatte es wirklich geschafft, ihm auch noch das Geburtstagsfest zu verderben.

Nach dem Kaffeetrinken bat die Mutter Adam flüsternd um ein Gespräch unter vier Augen. Gemeinsam verließen sie das Gehöft durch das steinerne Tor und gingen schweigend über den Bruckfleck hinauf Richtung Ruine. Als sie den ersten Felsenkeller erreichten, beendete das *Fral* das bedrückende Schweigen: »Bisher habe ich es ja nicht geglaubt, was man mir erzählt hat über dich und die Zustände auf der Oarmühl. Ich hab's nicht glauben wollen! Aber jetzt hab ich es selbst erlebt: Du bist nicht Herr auf deinem eigenen Hof!«

Adam wollte zu einer Erklärung ansetzen, doch die Mutter ließ ihn nicht zu Wort kommen.

»Immer hab ich für dich Verständnis gehabt. Immer ist es nach deinem Kopf gegangen. Was denkst du, wie traurig ich war, als du unseren Löwenhof in Bochsdorf nicht übernehmen wolltest, obwohl du der Hoferbe warst? Weil du kein Bauer sein wolltest, sondern lieber ein Wirt. Nachgegeben hab ich und dem Michel den Hof überschrieben und dich ausbezahlt. Und jetzt bist du doch Bauer, weil deine Eva keine Wirtin sein wollte. Ausgelöst aus dem Wirtshaus-Vertrag hab ich dich, mit meinem Geld. Mit dem Geld, das dein Vater und ich ein Leben lang erwirtschaftet haben, ist Mohrenstein bezahlt worden. Das ganze Mohrenstein, der Hof und die Mühle! Aber du lässt dir einfach die Hälfte von deinem Besitz wegnehmen!«

Adam wollte sich rechtfertigen, doch ein Kloß im Hals hinderte ihn am Sprechen.

»Hat es dir die Sprache verschlagen? Es ist vielleicht besser, wenn du nichts sagst. Aber ich verspreche dir: Solange der Georg noch auf dem Hof ist, werde ich nicht mehr nach Mohrenstein kommen!«

Als sie den Bruckfleck wieder erreichten, sagte das *Fral* versöhnlich: »Aber ich freu mich immer, wenn ihr mich in Bochsdorf besucht.«

Damit war die Angelegenheit für sie geklärt.

Adam kannte seine Mutter gut genug, um zu wissen, dass sie es ernst meinte. Sie war keine harte Frau, aber stark und konsequent. Auch in der Liebe zu ihren Kindern und Enkeln.

Als sich die Bochsdorfer verabschiedet hatten, rannte Adam in die Mühle.

»Georg! Wo steckst du? Georg!«

Sofort kam Georg hinter einem Verschlag hervor, geradeso, als hätte er ihn erwartet.

»Was schreist du so, Vetter? In der Mühle schreit nur einer, und das bin ich!«

»Damit ist es vorbei! Ich bin der Herr auf Mohrenstein und schreie, wann und wo ich will!«, brüllte Adam.

»Ja, ja. Du bist der Herr, und ich bin nur dein Mühlknecht. Aber das hat bald ein Ende.«

Adam hielt inne. »Warum? Was hast du vor?«

»Nur das, was du mir geheißen hast. Ich gehe weg. Nach Sankt Ötzen.«

»Nach Sankt Ötzen?«, echote Adam verwundert.

»Genau dahin. Der Gollwitzer Erhard hat mir erzählt, dass sein Nachbar, der Gleissner Joseph, sein Anwesen verkaufen will. Über hundert Tagwerk Felder, Wald und Wiesen. Und da hab ich zugegriffen.«

»Wie lang ist das her, dass du unterschrieben hast?«, argwöhnte Adam.

»Zwei Wochen wird es wohl schon sein, dass wir uns geeinigt haben.«

»Zwei Wochen? Und du erzählst mir kein Wort? Du hast mir meinen Geburtstag versaut! Du lässt mich vor allen Leuten dastehen wie einen Deppen!«

»Ich halte mich genau an das, was du mir befohlen hast. Am 31. Oktober ziehen wir aus«, erwiderte Georg mit Unschuldsmiene.

Adam kannte kein Halten mehr. Er ging auf den Müller los, packte ihn mit beiden Händen an der Jacke und schüttelte ihn kräftig.

»Du legst es nur darauf an, mir das Leben zur Hölle zu machen. Du Haderlump! Am liebsten würde ich dich jetzt gleich vom Hof schmeißen!«

In seiner Wut schubste er Georg kräftig von sich. Der Müller stürzte rücklings zu Boden, schlug mit dem Hinterkopf gegen eine Mehltruhe und blieb regungslos liegen. Blut rann aus einer Kopfwunde und kämpfte sich zäh eine rote Spur durch den weißen Mehlstaub. Adam erschrak. Er war noch nie gewalttätig geworden und hatte sich stets aus jeder Wirtshausprügelei herausgehalten.

Was ist nur aus mir geworden?, fragte er sich. Der Konflikt mit Georg schien aus ihm einen völlig anderen Menschen gemacht zu haben.

Entsetzt starrte er auf seinen Kontrahenten, der immer noch kein Lebenszeichen von sich gab. Adam schluckte schwer, dann ging er, um Hilfe zu holen, in die Wohnstube der Mühle, wo Georgs Frau Anna mit einigen Kindern saß.

»Der Georg ist hingefallen und hat sich den Kopf angeschlagen. Kommt schnell!«

Anna sprang auf und stürzte in den Mühlenraum, Georgs älteste Töchter, die einundzwanzigjährige Elli und die sechzehnjährige Magdalena, folgten ihr eilig.

Georg lag immer noch bewusstlos in der gleichen gekrümmten Stellung wie vorher. Seine Frau beugte sich über ihn. Dann schrie sie Adam an: »Du hast ihn umgebracht! Ich hab genau gehört, wie ihr gestritten habt. Du hast ihn erschlagen!«
Anna begann laut zu weinen.
Elli legte ihr Ohr auf das Herz des Vaters. »Er lebt noch! Wir müssen die Blutung stillen.«
Dann ging sie in die Wohnstube und holte den hölzernen Medizinkoffer, der für solche Fälle bereitstand. Wenn auf Mohrenstein ein Unfall geschah, musste man sich zuerst einmal selbst helfen. Den Arzt in Püchersreuth zu informieren und ihn auf die Mühle zu bringen, dauerte eine Stunde, wenn man ihn überhaupt antraf, was selten genug der Fall war.

Katharina, die Großmagd, hatte Elli angelernt, kleinere Verletzungen und leichte Krankheiten zu behandeln. Geschickt entfernte die Tochter mit einem Rasiermesser die Haare rund um die Wunde, desinfizierte diese mit Schnaps und vernähte sie dann mit Nadel und Faden.

»Gut, dass der Papa bewusstlos ist«, sagte sie. »So spürt er wenigstens die Stiche nicht.«

Inzwischen waren weitere Kinder von Georg und auch der junge Knecht Adam Girgl im Mühlenraum eingetroffen. Die Nachricht, dass etwas Schlimmes passiert war, hatte sich schnell auf dem ganzen Hof verbreitet.

Als Elli mit der Versorgung ihres Vaters fertig war, trugen ihn Adam, der Hofherr, und Adam, der Knecht, in die Schlafstube und legten ihn aufs Bett.

Adam Gollwitzer sprach ein stummes Gebet, in dem er Gott um Vergebung bat und um eine baldige Genesung von Georg. Dann sagte er zu den Umstehenden: »Sagt mir, wenn er zu sich kommt!«

* * *

Adam saß wie gelähmt in der Wohnstube im »Schlössle« und zerfleischte sich mit Selbstvorwürfen. Doch nach und nach kam er zu dem Schluss, dass Georg letztendlich selbst Schuld hatte, dass es so weit gekommen war. Als sich sein schlechtes Gewissen schon ziemlich beruhigt hatte, klopfte jemand an die Tür. Barthel, sein Großknecht, betrat die Stube: »Er ist wieder bei Bewusstsein.«

Adam atmete auf und wollte gleich zur Mühle, doch Barthel hielt ihn zurück.

»Besser nicht, Bauer. Er sagt, dass er dich nicht sehen will. Und seine Frau droht, dich bei der Polizei anzuzeigen, wenn du zum Georg gehst.«

»Mich anzeigen?«

Adam verstand die Welt nicht mehr.

»Ja. Die Anna sagt, dass sie dann aussagt, dass du den Georg hast umbringen wollen, und sie dich dann einsperren.«

Adam schüttelte fassungslos den Kopf. Inzwischen traute er Georg und seiner Frau alles zu, auch dass sie ihn ins Gefängnis schicken würden.

»Dann eben nicht«, sagte er trotzig und erzählte dem Barthel, dass Georg sowieso bald von Mohrenstein nach Sankt Ötzen verschwinden würde. So war sich Adam sicher, dass sehr schnell der Hof und dann die ganze Umgebung erfahren würden, dass er, Adam, endlich Herr auf Mohrenstein sei.

In den nächsten Tagen ließ sich Georg nicht blicken, angeblich lag er immer noch benommen im Bett. Lorenz, der Mühlknecht, kümmerte sich um den Betrieb, und er tat es allem Anschein nach gut. Adam hoffte, dass dieser tüchtige Mann nach Georgs Weggang die Verantwortung auf der Mühle übernehmen würde.

Georg zog sich völlig zurück. Er erschien nicht zu den gemeinsamen Mahlzeiten, und er vermied es, den Hof zu betreten, wenn der Bauer anwesend war. So sah ihn Adam erst zwei Wochen nach dem unglücklichen Vorfall wieder, und zwar an einem Sonntag in der Kirche von Püchersreuth. Früher war man oft gemeinsam den Weg hinauf ins Dorf gegangen, aber diese Zeiten waren vorbei. Adam und seine Eva saßen auf ihren Stammplätzen, als Georg mit seiner großen Familie das Kirchlein betrat. Demonstrativ trug er einen auffälligen weißen Kopfverband, der nicht nur Adams Blicke ständig auf sich zog. Dabei wuchs dessen Ärger mehr und mehr, denn er wusste, dass ihn Georg vor der Gemeinde als brutalen Schläger bloßstellen wollte. Natürlich hatte sich der Vorfall auf der Mühle längst im Dorf herumgesprochen.

Als Adam mit seiner Frau die Kirche verließ, stand Georg vor einem Grab und sagte so laut, dass es alle Umstehenden hören konnten:

»Wenn Gott nicht so gerecht wäre, würde ich jetzt hier liegen.«

Wortlos zog Eva ihren Adam durch die Pforte des Kirchhofs, um einen neuerlichen Streit zu vermeiden.

* * *

In den folgenden Wochen gingen sich Adam und Georg aus dem Weg. Sie redeten kein einziges Wort miteinander und sahen sich auch nicht an. Man lebte aneinander vorbei – bis zu einem Tag im September.

Georg und der Mühlknecht Lorenz waren mit dem Fuhrwerk nach Floß gefahren, um Mehl an einen Bäcker zu liefern. Auf dem Rückweg wollten sie im Meierhof Getreide zum Mahlen mitnehmen. Als man in Mohrenstein schon zu Abend gegessen hatte, waren die beiden immer noch nicht zurück. Dann endlich erschien Lorenz im Hoftor – zu Fuß.

Adam, der gerade aus dem Kuhstall kam, ging auf ihn zu und fragte:

»Was ist los, Lorenz? Wo ist das Fuhrwerk? Wo ist Georg?«
Lorenz war sichtlich verlegen. »Der Georg ist beim Fuhrwerk in Floß. Sie haben uns ein Rad gestohlen.«
»Wie, um Himmels willen, ist das denn passiert?«, fragte Adam entsetzt.

Ein großes, eisenbeschlagenes Wagenrad kostete einiges, da war schnell die Mitz für eine ganze Ladung für die Katz.

»Nachdem wir das Mehl geliefert hatten, sind wir noch auf eine Maß ins Wirtshaus. Und als wir wieder herauskamen, war ein Rad vom Fuhrwerk weg.«

Nervös trat Lorenz von einem Bein aufs andere.

Adam schüttelte den Kopf. Georg bereitete immer Schwierigkeiten, sogar wenn er diesmal sicher keine Schuld hatte.

Glücklicherweise befand sich in einem Schuppen noch ein ausrangierter Mistwagen, von dem sie ein Rad abbauen konnten. Mit diesem und einer Laterne machten sich Lorenz und der sechzehnjährige Mühlbub Konrad auf den Weg nach Floß. Es war schon nach Mitternacht, als die drei mit dem Fuhrwerk nach Mohrenstein zurückkehrten. Adam, der noch nicht zu Bett gegangen war, nahm die Rückkehrer erleichtert in Empfang. Er machte Georg keine Vorwürfe, im Gegenteil half er beim Ausspannen der Pferde und brachte diese in den Stall.

* * *

Der Sommer war heiß und trocken, weshalb viele Mühlen in der Umgebung aus Wassermangel nicht mehr betrieben werden konnten. Nicht so die Mohrensteinmühle. Mit einem Gefälle des Mühlbachs von zwölf Metern klapperten die beiden oberschlächtigen Mühlräder auch dann noch, wenn die anderen schon lange aufgeben mussten. So kam es, dass die steinernen Mahlwerke Tag und Nacht in Betrieb waren. Georg und Lorenz wechselten sich in Schichten ab, dennoch sah man beiden die

Erschöpfung an. Um den Transport von Korn und Mehl kümmerten sich der Mühlbub Konrad und einer von Adams Knechten, der Leonhard, den er für die Mühle abgestellt hatte. Es war eine Besonderheit in der Oberpfalz, dass die Bauern ihr Korn nicht selbst zur Mühle brachten und dann das Mehl nach dem Mahlen wieder abholten; dies lag in der Pflicht des Müllers. Das bedeutete natürlich eine ungeheure Belastung, vor allem für die entlegene Mohrensteinmühle mit ihren abschüssigen Wegen tief im Tal. Von dort unten herauszukommen war anstrengend für Mensch und Tier. Nach Osten musste man erst durch eine Furt den Floßbach überqueren, bevor es dann gleich steil aufwärts durch den Wald Richtung Gailertsreuth ging. Da Pferde an ihren Fesseln äußerst empfindlich gegen Nässe und Kälte sind, hatte Adam für diese Route extra zwei Mulis angeschafft. Diese Mischlinge aus Esel und Pferd erwiesen sich als wesentlich robuster und brauchten zudem keine Hufeisen. Das sparte Geld beim Schmied.

Doch auch die enorme Belastung des Mühlenpersonals in diesem heißen Sommer ging vorüber, und nach der Ernte wurde es auch auf dem Hof wieder ruhiger.

Seit Georgs Umzugstermin allgemein bekannt war, hatte sich das Verhältnis von Müller und Bauer etwas entspannt. Adam wäre gerne wieder mehr auf den älteren Vetter zugegangen, doch dieser entzog sich jedem Versuch der Annäherung. Selbst bei der monatlichen Mühlenabrechnung wurde nur das Notwendigste geredet.

Mitte September kam eine Magd vom Gollwitzer-Hof in Bochsdorf und überbrachte die Botschaft, dass Marie, Michels Frau, einem gesunden Knaben das Leben geschenkt hatte. Die Freude über den künftigen Erben des Löwenhofs war groß, auch in Mohrenstein. Adam genoss die Tauffeier in Bochsdorf, dem Ort seiner Kindheit und Jugend. Hier schienen einen Tag lang alle seine Sorgen weit weg in einer anderen Welt und Zeit. Und die Ehre, der Namensgeber und Pate des neuen Erdenbürgers zu sein, erfüllte ihn mit Freude und Stolz.

Im Herbst kam die Zeit des Abschieds von Georg und seiner Familie. Ab Anfang Oktober schafften sie ihr Hab und Gut mit einem Ochsengespann Fuhre um Fuhre nach Sankt Ötzen. Die Strecke betrug zwar nur fünfzehn Kilometer, war aber für die Fuhrwerke ungeheuer beschwerlich. Der Weg führte von Mohrenstein hinauf nach Püchersreuth, dann nach Osten an Schlattein, dem Geburtsort des »Fral«, vorbei und weiter nach Süden Richtung Floß. Ab hier ging es wieder nach Osten stetig bergan in den Böhmerwald hinauf, bis auf siebenhundert Meter über dem Meeresspiegel nach Sankt Ötzen. Sieben Höfe zählte der Ort, und nur eine einzige Straße führte dort hin. Dahinter lag noch das winzige Hildweinsreuth, und dann war die Welt zu Ende.

Georgs neues Gütlein lag noch entlegener als Mohrenstein, dazu nicht in einem geschützten Talkessel, sondern oben auf einer ungeschützten rauen Bergkuppe.

Als am Morgen des 30. Oktobers Georgs Familie das letzte Fuhrwerk bestieg, war Adam erleichtert und froh. Auf dem Kutschbock saß der älteste Sohn des Vetters, der achtzehnjährige Michel; auf dem Wagen zwischen Kisten und Kästen nahmen seine Frau Anna mit den Töchtern Elli, Magdalena, Katharina und Luise und den Söhnen Heinrich, Michael, Johann und Christian Platz. Der neunjährige Johann umklammerte fest einen selbstgebauten Käfig mit einem farbenprächtigen Stieglitz darin, den ihm sein Bruder Heinrich gefangen und geschenkt hatte.

Adam reichte Georg zum Abschied die Hand, und dieser erwiderte seinen Gruß.

»Viel Glück euch allen«, sagte Adam.

Georg, der neben den Tieren stand, nickte kurz, dann gab er einem der Ochsen mit einem Stock einen leichten Schlag, um die Tiere in Bewegung zu setzen. Adam wich einen Schritt zurück und hob noch einmal die Hand zum Gruß. Dann atmete er kräftig durch. »Endlich, endlich vorbei«, dachte er sich.

Als das Fuhrwerk den Hof verlassen hatte, wandte er sich an Lorenz und Konrad und sagte: »Ich bin froh, dass ihr dableibt. Ihr werdet schon dafür sorgen, dass die Oarmühl gut weiterläuft.«

»Das wird schon«, entgegnete der Mühlknecht, und nach einer kurzen Pause ergänzte er lächelnd: »Müller«.

Erleichtert drehte sich Adam zu seiner Eva um und umarmte sie.

Gegenwart:

Fürth und Mohrenstein

Sie waren sich nähergekommen, Friederike und Arno. Nicht diese Form von Teenager-Verliebtheit, dieses Hineintaumeln in eine Beziehung. Aber warum auch, mit vierzig und zweiundvierzig Jahren? Sie hatten ihre Anteile gehabt an den wilden 68ern und den befreiten Siebzigern des 20. Jahrhunderts. Der Rausch der freien Liebe, was aber nahezu immer nur freien Sex bedeutete, ausgelebt bis zum großen Aids-Schock. Die beiden mochten sich, verstanden sich, hatten verhältnismäßig wenig Gemeinsames, dafür aber viel zu reden und nicht wenig zu lachen. So saßen sie an einem Sommerabend im Garten vor dem alten Zigeunerwagen, der Friederike als Außendomizil von den ersten Frühlingsboten bis in den späten Herbst diente. Das hölzerne Gefährt von 1921 hatte einer Zigeunerin gehört, bis sie es bereitwillig verkaufte, als die Stadt ihr kostenlos einen Wohncontainer zur Verfügung stellte. Der Lauf mancher Dinge, die von der Zeit überholt doch noch eine Karriere machen: vom maroden hölzernen Wohnwagen zum romantischen Gartenhaus.

Laue Sommernächte verführen die Gedanken zu fliegen, assoziativ von einem zum nächsten. So landeten die beiden auf einmal beim Thema »Vererbung« und der Frage, was wohl genetisch bedingt ist, und wenn ja, in welcher Form.

»Es hat so viele Menschen gebraucht, um dich so werden zu lassen, wie du bist«, sagte Arno. »Du kannst sicher sein, jede und jeder hat dir ein Stück mitgegeben, die eine mehr, der andere weniger. Was wissen wir schon darüber, was wirklich vererbt wird?

Gewiss, glatte Haare, braune Augen und große Ohren. Aber jenseits der körperlichen Merkmale gibt es viele andere Dinge. Ich weiß nicht einmal, ob so etwas in den Genen gespeichert ist, obwohl dort bestimmt genug Platz wäre, auch für Ängste und Hoffnungen. Woher kommen sie, diese Sehnsüchte, für die du keine Erklärung hast und die dennoch stärker sind als alltägliche Gedanken? Woher das Gefühl, sich an einem Ort, kaum angekommen, heimisch zu fühlen? Oder gar ein Déjà-vu-Erlebnis, ein inneres Wissen, hier schon einmal gewesen zu sein, obwohl du mit Sicherheit diesen Ort noch nie gesehen hast? Ich denke, es ist eine komplexe Mischung – Vererbung, archaisches Gedächtnis, morphische Resonanzen, kosmische Schwingungen, feinelektrische Ströme, was weiß ich? Der gute, alte Shakespeare und seine Erkenntnis von den vielen Dingen zwischen Himmel und Erde, die wir uns nicht erklären können.«

Friederike blickte eine Weile schweigend zu den Sternen, dann sagte sie leise: »Ich habe Angst vor dem Parzival-Syndrom.«

»Was meinst du damit?«

»Dort anzukommen, wohin ich immer wollte, und nicht zu merken, dass ich angekommen bin. Dort zu sein, staunend und schweigend, und dann zu vergessen, die eine, alles entscheidende Frage zu stellen.«

Arno nahm sie in die Arme.

»Ich werde dich erinnern, wenn es so weit ist.«

»Wenn ich aber allein sein werde?«

»Dann musst du dich wohl selbst erinnern. Vielleicht gehört das dazu, sich selbst zu erinnern.«

Friederike reagierte energisch: »Wozu soll das denn gehören?«

»Vielleicht zur Erkenntnis. Oder einfach zum Erwachsenwerden. Es könnte ja sein, dass beides das Gleiche ist. Ich meine, wirklich erwachsen sein, nicht nur ein bestimmtes biologisches Alter.«

»So ist es, weiser Mann! Bevor wir bis zum Morgengrauen das irdische Jammertal noch weiter erkunden, sollten wir uns lieber mit schönen Dingen beschäftigen. Lass uns ins Bett gehen!«

* * *

»Ich muss Mohrenstein sehen! Wie soll ich ein Gespür für meine Vorfahren bekommen, wenn ich den Ort nicht kenne, an dem sie lebten?«

Bisher kannte Friederike Mohrenstein und seine Mühle nur von einem romantischen Bericht in der Gollwitzer-Chronik und den Aufzeichnungen ihres Großvaters. Ihr Entschluss stand fest, und mit Elan machte sie sich daran, die Reise in die Oberpfalz zu planen. Der heikelste Punkt dabei war die Kontaktaufnahme mit dem jetzigen Hofbesitzer. Friederike hatte erfahren, dass die Ära der Gollwitzer auf Mohrenstein zumindest, was den Namen betrifft, zu Ende war: Eine Cousine hatte nach dem 2. Weltkrieg das Anwesen geerbt, geheiratet und hieß nun Radies. Ihr Sohn Rainer bewirtschaftete inzwischen den Hof. Und er war es auch, mit dem Friederike nun telefonierte. Der entfernte Verwandte zeigte sich überaus freundlich und lud sie spontan ein. So meldete sie sich und Arno für das nächste Wochenende an.

Nach etlichen Irrungen und Wirrungen beschloss Friederike, sich nicht länger auf die Kartenlesekünste von Arno zu verlassen, und hielt am Rand der schmalen Straße, um einen Fußgänger zu befragen.

»Nach Mohrenstein wollen Sie? Dann haben Sie hoffentlich festes Schuhwerk dabei«, sagte der freundliche Mann, bevor er Friederike den Weg beschrieb. Arno hörte nur noch etwas, das wie »Aafi, umi, obi« klang, und hoffte, dass seine Freundin verstand, wie man diese mysteriöse Mühle doch noch erreichen konnte.

»Und? Weißt du jetzt, wie wir fahren müssen?«

»Ich denke schon.«

»Kannst du mir noch verraten, wie die Frage nach unseren Schuhen zu verstehen ist?«

»Er sagte, das letzte Wegstück zur Mühle hinunter sei unbefestigt.« Nach einer Weile Fahrt zwischen Feldern und Wäldern meinte Friederike: »Dort vorn ist die Abzweigung ins Tal.«

Als sie die Kreuzung am Waldrand erreichten, stellten sie zu ihrer Freude fest, dass sie das Auto nicht stehen lassen und zu Fuß gehen mussten: Das Sträßlein war frisch asphaltiert.

Der von dichtem Wald gesäumte steile Weg nach unten endete abrupt. Nur noch eine kleine hölzerne Brücke über den Floßbach, und auf der anderen Seite war ein unbefestigter Weg im Wald, der steil nach oben führte. Rechts eine Wiese, links ein Kraftwerk aus den 1920er Jahren, über das sie schon gelesen hatten, und dahinter die Gebäude des Mohrensteiner Anwesens.

»Wir haben es gefunden!«

Erleichterung klang in Friederikes Stimme und auch ein wenig Stolz.

Die beiden stiegen aus, dehnten und streckten sich nach der langen Fahrt. Auf dem Hof war niemand zu sehen. Etwas unsicher sahen sie sich um: Ein schlichtes zweistöckiges Wohnhaus, im rechten Winkel dazu ein verfallendes Haus, Schuppen, Geräteunterstände und eine langgestreckte offene Halle mit einigen alten, landwirtschaftlichen Maschinen schlossen den Vierseithof ab. Kein Stall, kein Vieh, kein moderner Traktor. Arno wunderte sich, nicht wissend, dass der neue »Bauernhof Mohrenstein« inzwischen oben auf dem Hang lag, nicht weit von der Stelle, an der sie abgebogen waren.

Zögerlich näherten sie sich dem Wohnhaus. Noch einmal hielt Friederike kurz inne, bevor sie den Klingelknopf drückte.

Bei Kaffee, Kuchen und einer deftigen Vesper kam man sich schnell näher. Man beschnupperte sich, erzählte sich gegenseitig Erinnerungen und Anekdoten von den Eltern und Großeltern. Da gab es kein Eis zu brechen, und die Freundlichkeit der Mohrensteiner verwandelte sich binnen kürzester Zeit in Herzlichkeit.

Und man kam immer wieder auf die Geschichte der Mühle. Das große Bedauern, dass die alte Mühle 1910 abgebrannt war, die Wehmut über das unwiederbringlich Verlorene. Michel, der älteste Bruder von Friederikes Großvater Karl, war damals der Herr auf und über Mohrenstein gewesen. Wilhelmine, genannt Minna, Jahrgang 1927, war seine Enkelin. Sie und ihr Mann Helmut saßen mit in der Runde, ebenso wie ihr Sohn Rainer und dessen Ehefrau Lisbeth, die derzeitigen Hofbesitzer.

Doch die ältere Cousine wusste nichts mehr von einem Großonkel Karl, der hier einmal Müller gewesen war. Keiner erinnerte sich noch an ihn. Zu viel Zeit war vergangen, zu viel geschehen, zwei Weltkriege und so viel Dunkelheit, da verblasst und verschwindet die Erinnerung an einen Menschen. Vor allem weil er schon 1894 Mohrenstein für immer verlassen hatte.

Es irritierte Friederike zuerst, dass die Cousine einundzwanzig Jahre älter war als sie und sie selbst vom Alter her eher zur Generation des Sohns Rainer gehörte. Doch dann machte sie sich bewusst, dass sie eine Spätgeborene war. Ihr Vater war bei ihrer Geburt schon siebenundvierzig gewesen.

Minna erzählte, wie sie, das einzige Kind des Hoferben Hans, sich nach dem großen Krieg in ihren Helmut aus Bessarabien verliebt hatte, den Mann aus dem Land zwischen den Flüssen Pruth und Dnister am Schwarzen Meer. Natürlich beäugten die Einheimischen damals den Fremden aus der Walachai mit Argwohn, und es gab Gerüchte und Vorurteile. Aber das Schöne der Liebe zu allen Zeiten ist ihre Stärke, aus den in den Weg gelegten Steinen ein Haus zu bauen. Und so heirateten Wilhelmine aus Mohrenstein und ihr Helmut aus Bessarabien. Das Wappen dieses Landes, ein Auerochse, passte auch hervorragend zu Mohrenstein und seiner archaischen Landschaft. Dadurch wurde der Name Gollwitzer zum ersten Mal seit 1844 in der Liste der Besitzer des Gehöfts abgelöst.

Vergangenheit:

Sankt Ötzen

(Sankt Ötzen, Oberpfalz, Bayern, März 1860)

Alles lag unter meterhohem Schnee. Die Häuser, die Scheunen, die Ställe, die Schuppen, alles. Wenn nicht aus einigen der kleinen weißen Hügel Rauch aufgestiegen wäre, hätte man gar nicht erkannt, dass hier ein Dorf stand. Sankt Ötzen war in einem Meer aus Schnee versunken, und das im März.

»Gestern wollte der Erhard nach Flossenbürg. Aber er ist nicht weit gekommen und ist wieder umgekehrt«, erzählte Anna, Georgs Frau.

»Die Wegstangen schauen nur noch mit den Spitzen aus dem Schnee«, ergänzte Michel, der älteste Sohn.

»Dann sollen die Leut' eben daheimbleiben«, brummte Georg. »Der Schnee hat auch was Gutes. Der hält das Gesindel vom Hof. Die ganzen Abbrandler, Sachsen, Hausierer und Scherenschleifer. Nix wie Bettelvolk!«

»Hier oben ist's aber mit dem Schnee schon besonders arg«, bemerkte Michel spitz. Er wusste, dass der Vater Vorwürfe wegen des Umzugs in das hoch gelegene, windgebeutelte Sankt Ötzen nicht vertrug.

Doch Georg hörte wie ein Luchs, wenn es um Kritik an seiner Person und seinen Entscheidungen ging. Sofort herrschte er seinen Sohn an: »In Mohrenstein ersaufen sie jetzt auch im Schnee! Überall ist der Schnee, vom Böhmischen bis ins Fichtelgebirge. Glaub ja nicht, dass es woanders besser ist! Bei Naila hat's sieben Schulkinder verweht, und dann sind's erfroren. Das soll hier nicht auch noch passieren. Deswegen haben sie überall die Schulen zugesperrt.«

»Darf ich jetzt nie mehr in die Schule?«, fragte die achtjährige Luise besorgt.

Elli, die Älteste der Geschwister, lachte. »Wenn der Schnee schmilzt, dann geht es auch mit der Schule wieder weiter. Und bis dahin kannst du ja mit mir ein bisserl lesen und schreiben.«

Das beruhigte Luise. Sie ging gerne in die Schule, in diese so ganz andere Welt. Der Lehrer war zwar streng, aber gerecht. Wenn der schimpfte, dann hatte er einen Grund, anders als der Vater, der losbrüllte, wann immer ihm danach war. Egal, ob man etwas angestellt hatte oder nicht. Ständig ließ er seine schlechte Laune an den Kindern oder den Mägden aus. So war in Luise mehr und mehr die Angst vor dem Vater gewachsen, und das brachte sie in schreckliche Konflikte, weil man seinen Vater doch lieben musste. Dabei litt sie sowieso schon darunter, dass ihre Mutter ihretwegen gestorben war. Ein halbes Jahr nach Luises Geburt war sie von ihnen gegangen. Und deshalb gab sich das Mädchen die Schuld für den Tod der Mutter. Zu gerne hätte sie sich an sie erinnert, doch Luise war damals noch viel zu klein gewesen. Und wenn sie von ihren Geschwistern mehr über die Mutter erfahren wollte, so wichen diese immer aus und murmelten etwas von Erschöpfung und zu viel Arbeit und zu vielen Kindern. Alle sagten, dass sie nicht schuld sei am Tod der Mutter. Alle, bis auf einen. Als Luise einmal beim Abwasch ein Teller hinunterfiel und zerbrach, schrie der Vater sie an: »Du verfluchtes Kind! Du taugst doch für nichts! Alles machst du kaputt! Deine eigene Mutter hast du ins Grab gebracht!«

Seit diesem Vorfall grub sich die Schuld immer tiefer in Luises Seele.

* * *

(Sankt Ötzen und Umgebung, Sommer 1861)

Die Magd Barbara rief die jüngeren Kinder auf dem Hof zusammen, es sollte zum Schwarzbeerpflücken gehen. Ihnen schloss sich Anna an, die seit Lichtmess als neue Magd im Dienst stand. Sie kam aus dem oberfränkischen Alexandersbad, und Georg hatte sie aufgenommen, weil ihn sein Vetter Christoph darum gebeten hatte. Der wollte seine uneheliche Tochter versorgt wissen, und zwar möglichst weit weg von seinem eigenen Wohnort.

Am Ende dieses Sommertags würde zwischen dem Schupfenberg und dem Rumpelbach keine einzige Schwarzbeere mehr an ihrem Strauch hängen. Denn die Oberpfälzer pflegten beim Beerenpflücken äußerst gründlich vorzugehen, schließlich ging es um ein wichtiges, kostenloses Nahrungsmittel. Der Boden dieser Gegend war karg, die Äcker wenig ertragreich. Da wurden in Notzeiten auch Bucheckern zum Essen geröstet und Ahornblätter statt Stroh als Einstreu im Stall verwendet.

Am Waldrand angekommen, schwärmten die Pflücker in alle Richtungen aus. Luise, die einen geflochtenen Huckelkorb auf dem Rücken trug, nahm Christian bei der Hand, und die beiden jüngsten Beerenzupfer rannten übermütig ein Stück den Hang hinunter, bis sie sich inmitten von kniehohen Schwarzbeersträuchern wiederfanden. Die Kinder nahmen ihre Sammelschälchen aus dem Korb und zupften die ersten Beeren. Luise blickte sich vorsichtig nach allen Seiten um, ob sie auch wirklich außer Sichtweite der anderen waren. Dann flüsterte sie geheimnisvoll: »Die ersten Schwarzbeeren müssen wir der Holzfrau schenken.«

»Wer ist denn die Holzfrau?«, fragte Christian neugierig.

»Sie hilft den Menschen im Wald beim Holzsammeln und auch beim Beerenpflücken. Wenn man ihr nichts gibt, dann geht die Holzfrau in einen anderen Wald. Dann werden die

Bäume hier wurmig und das Wasser dreckig, das Wild krank, und die Beeren faulen an den Sträuchern.«

»Woher weißt du das?«

»Das hat mir die Barbara erzählt. Die weiß alles über die guten und die bösen Geister im Wald.«

Luise legte eine Handvoll Schwarzbeeren auf einen flachen bemoosten Stein und murmelte dazu: »Für dich, Holzfrau. Bitte beschütz uns und lass uns viele gute Beeren finden!«

Christian faltete dabei wie in der Kirche die Hände und nickte andächtig.

Erst dann begannen sie in ihre Schälchen zu sammeln. Immer wieder stellte Luise ihren Huckelkorb ab, und die beiden Kinder ernteten rundum die Gegend ab. Der Korb war schon fast zur Hälfte gefüllt, als plötzlich ein lautes Knacken die Kinder erschreckte. Eine große, dunkle Gestalt brach durch das Gebüsch.

»Der Hoimoa!«, schrie Luise entsetzt, packte Christian und drückte ihn fest an sich. Der Mann vor ihnen sah schrecklich aus. Schweigend und finster starrte er die Kinder aus rot unterlaufenen Augen an. Gesicht und Hände pechschwarz, die Arme dreckig und zerkratzt, die Haare verklebt, Hose und Kittel zerlumpt, und in der rechten Hand hielt er ein großes, gekrümmtes Messer.

Luise und Christian zitterten vor Angst am ganzen Leib. Das musste der furchtbare *Hoimann* sein, der schwarze Mann ihrer Albträume, der böse Kinder aus ihren Betten zerrt und entführt. Der grausame Teufel, der über alle Waldfrevler herfällt. Der schreckliche Hüter des Waldes würde sie im nächsten Augenblick gewiss packen und in seine finstere Behausung verschleppen.

Luise wollte wegrennen, doch ihre Beine versagten beim Anblick des zerfurchten, zerkratzten schwarzen Gesichts, in dem die roten Augen zu glühen schienen. Sie stammelte ein

Stoßgebet, um Schutz und Beistand gegen den *Hoimann*, den Dämon, zu erflehen.

Plötzlich brach die unheimliche Gestalt in gellendes Gelächter aus, das den ganzen Wald erfüllte.

Luise geriet in Panik, ergriff Huckelkorb und Bruder, und gemeinsam stürzten sie davon. Blindlings brachen die beiden durch das Gehölz. Immer wieder stolperten sie, rafften sich auf und rannten weiter. Noch lange verfolgte sie das teuflische Lachen, doch sie wagten es kein einziges Mal, sich umzudrehen. Selbst als sie daheim auf dem Hof ankamen, hallte das Gelächter des schrecklichen Fremden Luise immer noch in den Ohren.

Außer Atem erzählten Luise und Christian aufgeregt ihrem Bruder Michel von der unheimlichen Begegnung.

»Nein, Kinder, das war nicht der Hoimann. Die alten Wildhüter gibt es schon lange nicht mehr. Der euch da so erschreckt hat, war ein Pechkratzer. Erzählt aber bloß dem Vater nichts davon!«

»Was ist denn ein Pechkratzer?«, wollte Luise wissen.

»Die ziehen von Wald zu Wald und stehlen das Harz von unseren Bäumen.«

»Wozu brauchen die denn das pappige Zeug?«, fragte Luise verwundert. Schon oft hatte sie sich beim Holzlesen die Hände mit Harz verklebt.

»Aus dem Harz werden Pech, Öl und Schmiere gemacht. Die Schuster machen aus Hanffäden und Pech den festen Zwirn. Die Bierbrauer pichen ihre Fässer und Kübel mit Pech aus, und die Apotheker kochen damit Salben.«

»Aber dann ist das ja gut, was die Pechkratzer machen«, staunte Luise.

»Ja, eigentlich schon«, gab Michel zu. »Aber wenn sie die Stämme mit ihren großen Messern anritzen, damit das Harz rausfließt, ist das nicht gut für die Bäume. Manche werden davon krank, und dann ist das Holz nichts mehr wert. Und das mag der Vater gar nicht. Also haltet brav den Mund!«

Luise verstand. Wenn der Vater wütend war, behandelte er alle schlecht, egal ob derjenige etwas angestellt hatte oder nicht. »Warum hat der Pechkratzer so fürchterlich ausgeschaut? Der hat rote Augen gehabt wie der Teufel.«

»Die Augen entzünden sich durch den beißenden Rauch beim Pechsieden. Das machen sie in ihren Pechhütten, die versteckt im Wald liegen, damit sie nicht von den Forstbesitzern erwischt werden. Die Kleider der Pechkratzer sind vom Bäumeklettern zerfetzt, und ihre Haut und ihre Haare sind vom Harz und Pech verklebt. Das sind arme Leute.«

»Und warum hat der Mann so furchtbar gelacht, wie er uns getroffen hat?«

»Weil ihr so erschrocken seid, ihr Angsthasen. Der hat halt sonst nicht viel Spaß in seinem Leben.«

Erleichtert gingen Luise und Christian ins Haus und lieferten stolz ihre Beeren ab. Von der Begegnung mit dem Pechkratzer erzählten sie niemandem mehr, die war fortan ihr Geheimnis.

* * *

(Sankt Ötzen, Dezember 1861)

Luise erschrak, als sie einen Uniformierten auf den Hof kommen sah. Begleitet wurde er von einem vornehm gekleideten Herrn. Mit seinem langen, schwarzen Wollmantel und dem grauen Vollbart wirkte der Mann fast bedrohlich. Ängstlich, aber neugierig drückte sich das Mädchen an die hölzerne Schuppenwand und beobachtete, wie die beiden Fremden das Haus betraten.

Hoffentlich wollen die nicht den Vater abholen, schoss es Luise durch den Kopf, *oder einen der Brüder*. Immer wieder hatte sie von Soldatenwerbern gehört, die Männer von den Bauernhöfen verschleppten und in die Fremde verkauften. Vorsichtig schlich sie den Männern nach in den Flur. Von hier aus konnte sie gut verstehen, was in der Stube gesprochen wurde.

»Gollwitzer! Jetzt gib uns endlich die Einzeichnungsbögen, damit wir weiterkommen. Ich will nicht noch mehr von meiner Zeit vertrödeln!«

»Ich hab die Volkszählung nicht angeschafft«, entgegnete Georg trotzig. »Bleibt mir mit eurem Papierkram vom Hals!«

»Du brauchst mir die Bögen ja nur zu geben, und die Sache ist erledigt. Das ist nicht mehr als eine Formalität«, versuchte Anton von Sperl, der Distriktvorsteher, den Bauern zu beruhigen.

»Und warum hast du dann den mit der Pickelhaube mitgebracht?«

»Das ist Vorschrift. Wir führen hier eine Amtshandlung durch«, antwortete der Polizist und warf sich in Positur.

»Ihr wollt doch nur auf meinem Hof herumschnüffeln«, beschuldigte Georg die ungebetenen Besucher.

»Jetzt rück endlich die Papiere raus, Gollwitzer, oder ich werde ungemütlich!«, drohte von Sperl. »Du wärst nicht der erste Sturkopf, den ich arretieren lasse.«

»Du denkst wohl, weil deiner Familie die Fabrik in Altenhammer gehört, kannst du dich aufführen wie der Grundherr? Gut, ich verrat dir, wo die Einzeichnungsbögen sind. Auf dem Abort hängen sie. An einem Nagel!«

»Du Querkopf! Das ist Insubordination! Das ist Missachtung der Obrigkeit. Die Teilnahme an der Volkszählung ist gesetzliche Pflicht. Du kommst mir da nicht aus!«

Mit diesen Worten holte von Sperl aus seiner Aktentasche einen neuen Formularsatz, legte ihn auf den Tisch und setzte sich.

»So, Gollwitzer! Ich stelle dir jetzt die Fragen, und du gibst mir gefälligst gescheite Antworten. Wenn nicht, verbringst du die nächsten Tage in der Arrestzelle in Floß. Zu deiner Belehrung verlese ich Folgendes: Als Familie ist jede Person, männlichen oder weiblichen Geschlechts, vorzutragen, welche einen bestimmten Wohnsitz in Bayern hat, selbständig ist und irgendein eigenes ausgeschiedenes, nicht bloß in Alimentation oder Almosen bestehendes Einkommen bezieht; es kommt daher nicht darauf an, ob jemand ledig oder verheiratet, weltlich oder geistlich ist, einen eigenen Herd und eine eigene Haushaltung hat, ansässig ist oder nicht.«

Luise hörte, wie der Vater nun doch Frage um Frage beantwortete. Er spürte wohl, dass es der Distriktvorsteher mit dem Einsperren ernst meinte.

»Siehst du, Gollwitzer, es geht doch. Ruf jetzt deine Leute zusammen, und zwar alle! Die Frau, die Knechte, die Kinder, die Mägde, alle! Wir müssen überprüfen, ob deine Angaben stimmen.«

»Luise!«, brüllte Georg zur Tür hinaus. »Hol die Leut' her, damit die Obrigkeit mich nicht verhaftet!«

Luise flitzte in die Küche und dann in den Stall und die Scheune, um alle zusammenzuholen. Verschüchtert fanden sich die Bewohner des Gollwitzer-Hofs ein und drängten sich in der Stube um den Tisch. Von Sperl rief alle einzeln auf und machte dann mit seinem Bleistift einen Haken auf dem Formular. Endlich schien der Distriktvorsteher zufrieden zu sein. Mit einem triumphierenden Grinsen sagte er zum Schluss seiner Amtshandlung:

»Da wäre jetzt nur noch eins, Gollwitzer: Einen Gulden Strafe für die mutwillige Zerstörung von Staatseigentum. Sofort zu zahlen, sonst nehmen wir dich auf der Stelle mit, und du brummst ersatzweise vier Wochen in Floß. Dann kann deine Familie ohne dich Weihnachten feiern.«

»Einen Gulden für das bisserl Papier? Ihr seid doch verrückt!«, beschwerte sich Georg.

»Es geht nicht ums Papier, sondern um die Missachtung der Vorschriften. Das ist strafbar, das weißt du genau. Schluss der Debatte, ich will keinen Widerspruch hören, sonst wird es noch teurer. Also, zahl jetzt, oder der Wachtmeister nimmt dich mit!«

Georg wusste, dass er den Kürzeren ziehen würde, und warf wütend einen Gulden auf den Tisch. Ohne ein weiteres Wort verließ er den Raum und knallte die Tür hinter sich zu.

* * *

(St. Ötzen, Frühjahr 1864)

Nach einem minutenlangen Hustenanfall sank Anna erschöpft auf ihr Kopfkissen zurück. Luise wischte der Stiefmutter den Schweiß von Stirn und Wangen. Seit drei Wochen schon kam die Kranke nicht mehr auf die Beine und wurde zusehends schwächer. Der Arzt hatte Georg gesagt, dass er mit dem Schlimmsten rechnen müsse. Seither gab sich der Bauer noch verschlossener und abweisender, als er sowieso schon war. Schroff reagierte er auf jeden Versuch der Kinder, ihn in ihr Leid mit einzubeziehen.

»Jetzt verlässt mich schon die zweite Frau mit gerade einmal vierzig Jahren. Lässt mich allein mit neun Kindern«, jammerte Georg.

»Die aber alle auf dem Hof arbeiten«, erwiderte Elli, die Älteste, barsch. »Sogar der kleine Christian hilft, so gut er kann. Da darfst du dich nicht beschweren.«

Doch der Bauer vertrug weder Trost noch Kritik. Wortlos verließ er das Haus. Elli war wütend auf den Vater, der mit seinem Selbstmitleid den ganzen Hof lähmte. Sie atmete tief durch, dann brachte sie frisches Wasser in die Kammer der siechenden Anna und löste Luise bei der Krankenwache ab. Liebevoll nahm sie die fiebrige Hand der Todkranken und versuchte sich mit ihr zu unterhalten:

»Einen jungen König haben wir jetzt. Ludwig der Zweite heißt er, und er ist ein fescher Mann. Mit ihm geht es sicher wieder aufwärts in Bayern.«

Die Stiefmutter zeigte keine Reaktion, ihr Blick ging ins Leere. Wieder versuchte Elli ihre Aufmerksamkeit zu gewinnen: »In Floß ist ein neuer Kurzwarenladen. Da gibt es wunderschöne Spitzen.«

Anna starrte weiterhin auf einen imaginären Punkt in der Kammer. Auf einmal begann sie zu würgen. Sie machte zwei, drei hilflose Versuche zu husten, aber sie konnte nur röcheln. Der Körper bäumte sich etwas auf. Anna schnappte nach Luft, doch die kam nicht mehr in den Lungen an. Ihr Kopf fiel zur Seite, dann war Stille.

Elli schloss die Lider der Stiefmutter, faltete ihr die Hände und betete leise ein Vaterunser. Dann verließ sie gefasst den Raum und rief nach ihrer Schwester Katharina, um sie zum Arzt nach Flossenbürg zu schicken. Diesmal hatte es keine Eile, es ging nur noch um die Ausstellung des Totenscheins.

Mit schwerem Herzen machte sich Elli auf die Suche nach ihrem Stiefbruder Christian, um ihm die schreckliche Nachricht schonend beizubringen. Sie kannte seine Lieblingsplätze auf dem Hof und entdeckte den Kleinen schließlich in der Scheune, wo er sich auf dem Heuboden versteckt hielt. Er wusste, was ihm Elli sagen würde.

»Ist sie tot?«, fragte er leise.

»Der liebe Gott hat sie erlöst.«

»Muss sie jetzt nimmer husten?«

»Nein, jetzt muss sie nie mehr husten. Jetzt ist sie droben im Himmel. Da geht es ihr gut, und sie schaut auf dich herunter.«

* * *

Ein Bretterzaun teilte den Friedhof von Flossenbürg. Auf der einen Seite begrub man die Katholiken, auf der anderen die Protestanten. Die barocke Kirche wurde wechselweise von beiden Konfessionen genutzt, und so waren die Menschen des Ortes im Leben und darüber hinaus im Tod durch den Glauben getrennt. Alles hatte seine Ordnung.

Die Männer ließen den Sarg an Seilen in das Grab hinab. Den Sarg, dessen Bretter Georg dem Schreiner vor die Tür gelegt hatte. Schließlich besaß er einen Wald, und es galt stets zu sparen. Und sei es an der Beerdigung der eigenen Frau.

Es waren nicht viele gekommen, um Abschied von Anna zu nehmen, nur Georg samt den Kindern und den beiden Mägden, dazu ein paar Nachbarn aus Sankt Ötzen. Alle mieden den Sonderling Georg Gollwitzer, selbst in einer für ihn so schweren Stunde wie dieser wollte ihm niemand beistehen.

Die Trauernden sangen einen letzten Choral. Christian umklammerte Luises Hand ganz fest und drückte sich mit dem Körper an sie. Tröstend streichelte sie ihrem kleinen Bruder über den Kopf. Dann beugte sie sich zu ihm und flüsterte: »Ich werde immer auf dich aufpassen.«

Vor dem Friedhof wartete Albert, der Knecht, mit dem Fuhrwerk auf die Familie. An der Trauerfeier durfte er nicht teilnehmen, Georg hatte ihm befohlen, Pferd und Wagen zu bewachen. Schließlich gebe es überall Gesindel, das nur darauf warte, herrenlose Fuhrwerke zu stehlen.

Michel legte das Totenbrett, auf dem Anna vor dem Begräbnis aufgebahrt gewesen war, auf die Ladefläche, und die Familie machte sich auf den Heimweg nach Sankt Ötzen. Gleich links nach dem Friedhof führte der Pfad einen Berghang hinauf und mitten durch einen Steinbruch. Dann ging es über den Ringelberg zum Totenbachl mit seinem rötlichen Wasser, das an Blut erinnerte. Hier ließ Georg das Fuhrwerk anhalten. Mit versteinertem Gesicht holte er das Totenbrett vom Wagen und legte es über den Bach. Für die Menschen dieser Gegend war die Seele eines Verstorbenen eng mit seinem Totenbrett verbunden. Erst wenn dieses verwittert war, konnte die Seele erlöst werden. Damit sie nicht allzu lang darauf warten musste, fertigte man die Bretter aus Weichholz und setzte sie gleich nach dem Begräbnis der Witterung aus. Häufig nutzte man sie als Trittplanken oder Stege, um den Auflösungsprozess noch zu beschleunigen.

Während sich alle um Annas Totenbrett versammelten und ein Gebet sprachen, schlich sich Luise leise davon. Ein wenig abseits, dort wo das Gebüsch dichter wurde, entdeckte sie das Totenbrett der von ihr so geliebten Magd Barbara. Das Holz war in den zwei Jahren, die es hier nun lag, schwarz und modrig geworden. Die ausgebrochenen Ränder zeigten deutliche Spuren der Verwitterung.

»Das Brett von der Barbara?«, fragte Christian, der Luise nachgeschlichen war.

»Ja. Es ist schon ziemlich weit.« Liebevoll hob sie es auf. Dabei brach das morsche Brett in zwei Teile. »Jetzt ist es noch weiter.«

»Gib mir auch ein Stück!«, bat Christian, und Luise gab ihm die eine Hälfte. Lustvoll zerbröckelten die beiden die fauligen Reste. Sie genossen das Gefühl, einer armen Seele helfen zu können. Dann rannten sie erleichtert bergan, um Anschluss an die anderen zu finden.

Das Pferd zog das Fuhrwerk mühsam den steilen Sägberg hoch. Bei der Spiegelmanufaktur Silberhütte wurde der Weg ein wenig flacher, doch schon bald stieg er wieder zur Mühle und dem Sägewerk am Rumpelbach an. Die große Anstrengung für das Pferd war dann noch der Schupfenberg, bis sie endlich in Sankt Ötzen ankamen.

Anna bat die Trauergäste zu Kaffee und Kuchen ins Haus. Ein Leichenschmaus im Wirtshaus in Flossenbürg kam für Georg aus Kostengründen nicht in Frage.

Alle fanden in der guten Stube Platz, und man gedachte noch einmal der verstorbenen Bäuerin. Man war sich einig, dass der Tod für sie eine Erlösung von ihrer schrecklichen Krankheit gewesen war. Als einer der Nachbarn fragte, ob sich der Witwer noch einmal nach einer Frau umschauen wolle, verließ dieser den Raum und ließ sich nicht mehr blicken, solange die Trauergäste auf dem Hof waren.

* * *

(St. Ötzen, Sommer 1868)

»Auf der Altenbank ist hart sitzen, sagen die Leut'. Übergeben und nimmer leben.«

»Geh, Vater! Hör doch mit den Sprüchen auf!« Michel versuchte Georg zu einem vernünftigen Gespräch zu bewegen. Doch der wollte von Hofübergabe und Austrag nichts wissen.

»Wenn ich heut übergeb, dann bin ich morgen ein unnützer Esser. Ich hab's oft genug erlebt, wie's den Alten ergeht. Mit mir nicht! Nicht mit mir!«

»Aber Vater, meine Eva und ich werden dich immer anständig versorgen, wenn ich den Hof übernehm und wir dann heiraten können.«

»Wie denn in diesen Zeiten? Wo es in den letzten zehn Jahren kaum eine gute Ernte gegeben hat. Ein kalter Winter nach dem anderen und die Sommer so heiß, dass alles verbrannt ist.«

»Fürs Wetter können wir nichts. Aber was wir haben, wird geteilt.«

»Wer soll mich denn versorgen, wenn ihr alle den Hof verlasst? Der Heinrich ist vor zwei Jahren freiwillig zu den Soldaten gegangen, und wer weiß, ob er wieder lebendig zurückkommt. Die Katharina hat vor zwei Wochen weggeheiratet und die Eva im vorigen Jahr. Die Elli bleibt auch nicht mehr lang, wo sie doch jetzt verlobt ist. Welche von meinen Töchtern ist denn dann noch auf dem Hof, wenn ich alt bin? Die Luise vielleicht? Die findet sicher auch bald einen, der sie vom Hof wegholt. Glaub doch nicht, dass die bei mir bleibt.«

»Aber der Hof ernährt kein Dutzend Leute mehr. Sei froh, wenn deine Töchter gut unterkommen.«

»Das nützt mir doch nichts. Ich bleib allein zurück, und keiner kümmert sich um mich.« Georg redete sich mehr und mehr in sein Selbstmitleid. Michel kannte dieses Verhalten und ließ nicht locker.

»Wenn du mir den Hof nicht bald übergibst, geh ich mit der Eva auch nach Amerika!«

»Was willst denn in Amerika, du Hungerleider? Dort zu den Soldaten gehen? Das kannst du hier auch.«

»Ich werd mir etwas aufbauen, mit meinen eigenen Händen. Und keiner wird mir mehr neireden und vorschreiben, was ich tun und lassen soll.«

»Wenn du überhaupt in Amerika ankommst«, höhnte der Vater und warf eine Zeitung auf den Tisch. Michel ergriff sie und las:

Katastrophale Zustände auf Auswandererschiff »Leibnitz«
Die deutsche Gesellschaft in New York hat von den unglücklichen Passagieren des Auswandererschiffes »Leibnitz« einige Einzelheiten über die Zustände auf diesem Fahrzeuge erhalten, die in der »New York Tribune« veröffentlicht werden.

Die Nahrung war von der schlechtesten Qualität, das Wasser spärlich und schmutzig, und

als die Cholera ausbrach, kümmerten sich die
Schiffsoffiziere nicht um die Unglücklichen,
von denen nach und nach 105 tot über Bord ge-
worfen wurden.
Der Überrest, 300, kam in einem an Wahnsinn
grenzenden Zustande in New York an.
Das Brot, das als Probe auf dem Bureau der
»Tribune« vorgezeigt wurde, war ganz grün vor
Schimmel.

Michel legte die Zeitung auf den Tisch zurück und meinte ruhig: »Na und? Unglücke passieren eben. Hier, in Amerika und überall. Du willst doch nur, dass ich als dein Knecht weiter auf dem Hof arbeite. Aber da spiel ich nicht mehr mit. Ich wandere aus!«

»Dann geh doch! Aus dir wird nie was. Hier nicht und in Amerika nicht. Ich bleib auf diesem Hof der Bauer, so lang, wie *ich* will!«

* * *

(Sankt Ötzen, Frühjahr 1870)

Luise packte den großen Reisekorb. Übersichtlich legte sie ihre Sachen auf dem Bett und dem Boden aus und verglich sie mit der Liste, die ihr Michel mit seinem letzten Brief geschickt hatte.

In den Weidenkorb sollten nur Sachen, die in Amerika teurer waren als hier. Alles andere würde man dann in Cleveland kaufen. Außer den Kleidern von Luise und Christians Hosen und Hemden waren dies Näh-, Strick- und Stopfnadeln, kleines Werkzeug wie Zange und einige Feilen, ein Hammerkopf und ein Axtblatt. Dazu ein paar Meter feines Leinen und Küchenutensilien wie Stahlmesser, Schöpflöffel und Reibeisen.

Christian dagegen stürzte sich auf die technischen Aspekte der Reise – die Bahnfahrt nach Bremerhaven, die Überfahrt mit dem Segeldampfschiff *Berlin* und dann die Reise mit dem Zug von Baltimore an der amerikanischen Ostküste über Pittsburgh nach Cleveland am Eriesee. Bald schon kannte er alle Einzelheiten wie Größe des Schiffs, Geschwindigkeit der Lokomotiven, Abfahrts- und Ankunftszeiten auswendig und erzählte sie bei jeder Gelegenheit. Was den Menschen in seiner Umgebung gehörig auf die Nerven ging. Luise und Anna mochten schon nichts mehr von Pferdestärken und Seemeilen hören. Nur Albert, der Knecht, schien Christian geduldig zu lauschen, doch das war lediglich seiner zunehmenden Taubheit zu verdanken.

Luise setzte sich aufs Bett und überlegte, ob sie nicht noch irgendetwas vergessen hatte. Dabei schweiften ihre Gedanken mehr und mehr ab. Sosehr sie sich auf das Leben in Amerika freute, so schwer fiel ihr der Abschied. Christian und sie waren die letzten von Georgs Kindern, die Sankt Ötzen verließen. Alle Schwestern waren verheiratet, Heinrich und Johann dienten bei den Soldaten, und Michel, der älteste Bruder, versuchte sein Glück in Cleveland. Die Magd Anna würde sich in Zukunft um den Vater kümmern. Obwohl sie Bruckner hieß, war sie eigentlich auch eine Gollwitzerin. Als uneheliche Tochter musste sie froh sein, dass man sie auf dem Hof aufgenommen hatte. So war es nun ihre Aufgabe, Georg wie eine Tochter zu versorgen.

Der hatte wochenlang gezaudert, bis er nach unzähligen heftigen Gesprächen endlich die Reisepapiere von Luise und Christian unterschrieb. Immer wieder machte er seinen beiden jüngsten Kindern ein schlechtes Gewissen und gab ihnen zu verstehen, dass er ihr Verhalten als Verrat an ihm empfand. Das schmerzte Luise, doch andererseits war sie sich sicher, dass ihre Zukunft in Amerika lag. Sie wollte nicht länger hier bleiben, wo noch vor zwei Wochen der Schnee fast vier Meter hoch gelegen hatte. Wo die Familie Jahr für Jahr Angst hatte zu verhungern. Um zu überleben, ernährten sie sich von Körnern, die sie aus Hamsterbauen ausgruben, oder von Krähen, Spechten, Finken und sogar Eulen, obwohl es verboten war, sie zu fangen. *Wie der Achaz, so der Herbst,* sagt eine Bauernregel, und der Achaz, der 31. März, war in diesem Jahr kalt und schneereich, und das bedeutete wieder nur einen kurzen Sommer und eine karge Ernte. Luise verfluchte Achaz, den heiligen Achatius, von dem der Ort Sankt Ötzen seinen Namen hatte.

Doch der Hunger war nicht das einzige Gespenst im Leben der Menschen an der Grenze zu Böhmen: Die Kriegsangst ging um.

Die Leute redeten davon, dass Preußen und Frankreich bald gegeneinander kämpfen würden und dass Bayern sich da nicht raushalten könne. Jetzt hieß es für die Deutschen zusammenzuhalten gegen den Feind im Westen. Wenn Luise das Wort »Krieg« hörte, musste sie immer an ihre Brüder Heinrich und Johann denken. Sie hoffte so sehr, dass es keinen Krieg geben würde, aber sie spürte, dass der Frieden schon längst verloren hatte.

Da stürmte Christian ins Zimmer und riss Luise aus ihren trübsinnigen Gedanken.

»Weißt du eigentlich, wie groß der Eriesee ist?«, sprudelte es aus dem Bruder. »Das ist kein See, das ist ein Meer, sag ich dir. Und das liegt direkt vor unserer Haustür. Stell dir vor, wir werden an einem Meer wohnen!«

Gegenwart:

Besuch in St. Ötzen

»Sankt Ötzen, das klingt wie ein Ferienort in Tirol. Wo ist das eigentlich?«, fragte Arno.

»Nicht weit von Mohrenstein, Richtung tschechische Grenze, oberhalb von Flossenbürg. Es liegt ziemlich hoch, mitten im Wald, ich hab's auf der Karte schon gefunden«, antwortete Friederike.

»Und wer war der heilige Ötzen? Ein Märtyrer? Gekreuzigt, geröstet oder von Pfeilen durchbohrt? Oder gar ein Verwandter vom berühmten Ötzi?«

»Keine Ahnung. Aber wer von uns beiden ist denn der Herr Kultur- und Religionsschlauberger? Ich denke, wir werden es vor Ort erfahren. Die Leute dort wissen sicher, wer ihr Schutzpatron ist. Hast du schon ein Zimmer bestellt?«

»Natürlich, meine Liebe. Im *Sankt Ötzener Hof* bei Familie Schwanitz, laut Webseite *Urlaub nach Lust und Laune auf dem Bauernhof am Mittelpunkt Mitteleuropas.*«

Friederike lachte. »Mittelpunkt, das klingt so nach Nabel der Welt oder Metropole. Aber laut Karte ist der Ort eher irgendwo im Nirgendwo.«

»Vielleicht steppt dort ja in Wahrheit der Bär. So ein Bruder von Bruno, illegal eingewandert aus dem Böhmerwald.«

»Dann Gnade ihm Gott! Die Oberpfalz gehört zu Bayern, und da ist man mit dem Gewehr schnell zur Hand.«

Zwei Tage später fuhren die beiden in ihrem Fahrzeug durch einen schier endlosen dunklen Nadelwald die sich windenden Serpentinen nach St. Ötzen hinauf. Ihre größte Angst war, dass ihnen auf der schmalen Straße ein Holztransporter entgegenkommen könnte. Es gab so gut wie keine Ausweichplätze, und Friederike hasste es, rückwärts fahren zu müssen, vor allem in Kurven. Und Arno war führerscheinlos geboren und geblieben.

Die Begrüßung der Wirtin im Sankt Ötzener Hof erfolgte mit professioneller Freundlichkeit, das Zimmer im ersten Stock war schnell bezogen. Für drei Tage taugte es in seiner Schlichtheit, vor allem zu seinem überaus günstigen Preis.

Beim anschließenden Kaffee in der Wirtsstube gesellte sich die Inhaberin, Frau Schwanitz, zu den Reisenden und erforschte ziemlich unverblümt deren Aufenthaltsgrund. Wie sich im Gespräch herausstellte, gab es in der Pension im Prinzip nur zwei Kategorien von Gästen: Die naturversessenen Wanderer und die vergangenheitsbesessenen KZ-Besucher. Vor allem seit die Firma Karl Schreyer aus Sankt Ötzen auf einer im Internet verbreiteten mehrsprachigen Liste der Firmen aufgetaucht war, die sich am Einsatz von Zwangsarbeitern bereichert hatten, kamen ständig neugierige Forscher in Sachen dunkle Vergangenheit. Diese Kategorie von Touristen wurde hier wegen ihres heiklen Forschungsthemas nicht so gern gesehen. Die Dame des Hauses war sichtlich beruhigt, als sie hörte, dass man hier sei, um etwas über die Familiengeschichte der Gollwitzer herauszufinden.

»Der *Gollwitzer-Hof* liegt genau gegenüber. Aber der schaut nicht mehr so aus wie der alte, der ist abgebrannt. Wir haben noch ein uraltes Foto, wie der frühere Hof ausgesehen hat.«

In diesem Moment steckte der Sohn der Wirtin seinen Kopf in die Stube, und die Mutter rief sogleich: »Peter, geh, hol doch das Foto vom *Gollwitzer-Hof*!« Woraufhin der Kopf wieder aus dem Türspalt verschwand.

Kurz darauf kam der Sohn zurück, legte eine mit schwarzen, abgestoßenen Leisten gerahmte Fotografie und ein dickes Buch auf den Tisch. »Das ist die Geschichte von Flossenbürg, da steht alles über die Häuser drin.«

Friederike und Arno bedankten sich und betrachteten die schon leicht verblasste Schwarzweiß-Fotografie. Sie zeigte ein niedrig geducktes Bauernhaus mit Wohnung und Stall unter einem Dach, daneben eine Holzhütte oder kleine Scheune.

»Das kann nicht der Hof von Georg Gollwitzer gewesen sein, der war mit Sicherheit größer.«

»Das ist aber der *Gollwitzer-Hof*, solange ich denken kann, das Haus Nummer 2 war immer der *Gollwitzer-Hof*«, erwiderte die Wirtin entschieden.

Arno nahm die Brille ab und blätterte in dem Buch, vor und zurück und wieder vor. »Da stimmt etwas nicht!« Immer weiter vertiefte er sich in die Personenlisten und Zeittafeln des Buchs. Dann sah er erleichtert und stolz auf: »Das ist des Rätsels Lösung! *St. Ötzen, Haus Nr. 2: 52 Tagwerk und 32 Dezimal, Besitzer Erhard Jakob Gollwitzer*. Das war der Nachbar von Georg! Sein Vetter, der ihn von der Mohrensteinmühle nach St. Ötzen gebracht hat. Und hier das Haus Nummer 1: *100 Tagwerk und 30 Dezimal*. Und jetzt aufgepasst, die chronologische Liste der Besitzer: *Glässner – Gollwitzer – Lotter – Schreier – Schwanitz*. Georg Gollwitzers Hof war hier. Genau hier, wo wir jetzt sitzen! Es war der größte Hof von Sankt Ötzen, die Nummer eins.«

Später am Abend fragte Arno dann Frau Schwanitz, woher der Ort Sankt Ötzen eigentlich seinen Namen habe, und sie antwortete, dass dieser auf den heiligen Achaz oder Achatius oder Acacius zurückgehe.

Das Online-Heiligenlexikon im Internet verriet Arno, dass es sogar neun Heilige mit diesem Namen gab, und alle hatten sie vom zweiten bis sechsten Jahrhundert in der heutigen Türkei gewirkt. Arno fragte sich, welcher Wind einen vorderasiatischen Achatius an die böhmische Grenze verweht hatte, um diesem kargen Ort seinen, wenn auch verfälschten, Namen zu geben.

Vielleicht haben sich die optimistischen Siedler auf der Höhe den heiligen Achatius von Byzanz zum Schutzpatron erwählt, weil der gegen Kopfweh hilft und in Todesängsten und in ausweglosen Lagen. Außerdem sorgt er für Stärkung in Zweifeln, was ja nie verkehrt sein kann, vor allem wenn man auf einem rauen Berg wohnt.

* * *

Am nächsten Tag besichtigten Friederike und Arno die KZ-Gedenkstätte Flossenbürg. Als die Nazis 1938 dieses Lager bauten, war Friederikes Vater Wilhelm Benedikt im nicht weit entfernten Erbendorf Lehrer und Organist gewesen. Bei seinen »Cembalo-Abenden« trafen sich regelmäßig einige Verwandte und Freunde, die sich weder am neuen Heil berauschten noch ihre Seelen an den Zeitgeist verkauft hatten. Doch die schützende Musikdecke wurde löchrig, und die Angst des Vaters war von Treffen zu Treffen gewachsen wie der Embryo im Leib seiner Frau. Die Angst davor, denunziert und ins Lager gesteckt zu werden und dann im Steinbruch schuften zu müssen. Er wusste, sein Körper und seine Seele würden diese Belastungen und Demütigungen nicht lange ertragen. Davon hatte er Friederike später einmal erzählt, dabei aber das Wort »Konzentrationslager« oder »Flossenbürg« nie ausgesprochen, so als könnte es ihn all die Jahre danach doch noch einholen.

Der Nazibürgermeister von Erbendorf hatte sich damals schützend vor ihn gestellt und gesagt: »Der Lehrer Gollwitzer kann zu seinen Cembalo-Abenden einladen, wen er will.« Und als es für den Vater noch enger wurde, bescheinigte ihm ein eingeweihter Arzt aus Hof eine Krankheit an der Lunge und schickte ihn weit weg in den Bayerischen Wald in das »*Sanatorium am Hausstein für Lungenkranke aus dem Mittelstand*«. Hierher, auf diesen »Zauberberg«, flüchtete Wilhelm Benedikt, verschanzte sich in den Waldliegehütten unter Decken, fernab von den Gefahren daheim in Erbendorf. Während dieser Zeit zog seine Ehefrau Lore zu ihren Eltern ins Fichtelgebirge, wo sie kurz darauf ihr erstes Kind Gottlieb gebar.

Abends in der Wirtsstube setzte sich Frau Schwanitz zu den Ahnenforschern und erkundigte sich nach den neuesten Ergebnissen ihrer Recherchen. Während der Unterhaltung verschwand ihre Fröhlichkeit mehr und mehr, und sie erzählte davon, dass ihr Vater damals immer wieder Arbeiter von »da unten« geliehen hatte. Er lieferte das Holz für den Bau der Lagerbaracken, und da war es naheliegend, die Insassen in die Waldarbeit einzubeziehen. Da man aber keine extra Wachmannschaft abstellen konnte, war der Bauer mit seinem Knecht und den Häftlingen allein bei der Arbeit. Deshalb wurde der Vater zum Zwecke der Selbstverteidigung mit einer Handfeuerwaffe ausgestattet.

Seine Tochter erzählte Friederike und Arno von ihrer Angst um den Papa, wenn er mit den Fremden draußen im Wald war, jenen, die so bedrohlich aussahen in ihren gestreiften Kleidern. Immer wieder wurde sie in jener Zeit und auch noch danach von Albträumen aus dem Schlaf gerissen, in denen die mit Äxten bewaffneten Häftlinge den Vater bedrohten und angriffen. Am Ende des Traums lag er jedes Mal erschlagen in seinem Blut zwischen Baumstämmen.

Einmal nur in dieser Zeit hatte sich ihre Perspektive ein wenig verändert. Als sie das Essen für die Zwangsarbeiter in den Wald brachte und ein junger Kerl, kaum älter als sie selbst, so sehr zitterte, dass er fast nicht in der Lage war, das Brot in den Händen zu halten. In seinen Augen stand Todesangst. In ihrer kindlichen Unbekümmertheit fragte sie ihn, wovor er sich denn so fürchte, und er erzählte ihr, dass er jede Nacht träume, dass ihn der Bauer mit dem Revolver erschieße.

Die Wirtin hielt schwer atmend inne, doch es schien, als sei sie mit ihrer Geschichte noch nicht am Ende. Arno hatte eine Vermutung, was nun kommen würde, und es kam: all die Beteuerungen, dass man in dieser Zeit ja gar nicht anders konnte, wenn man nicht selbst dort unten, im Lager in Flossenbürg, enden wollte. Dass man an dem Unrecht mitgewirkt habe, weil es die einzige Möglichkeit war zu überleben. Doch Gott ist nachtragend, und deshalb habe sie als Strafe wohl ein so schwer krankes Enkelkind. Eines, das ihr und ihren Kindern so viel Kummer und Sorge bereite. Egal wie man sich entscheide, egal was man mache, ob man eine Wahl habe oder nicht, es sei immer das kleine Menschlein, das die Zeche bezahle.

Vergangenheit:

Überfahrt im Zwischendeck

(Mai 1870)

»Der Zug fährt ja ins Meer!«, rief Christian erschrocken, der schon seit Stunden mit der Nase am Fenster klebte. Trotz der beginnenden Dämmerung entging dem Jungen nichts.

»Dummerl! Der Kondukteur hat doch gesagt, dass wir bis zum Pier fahren und dort direkt ins Schiff umsteigen können«, belehrte ihn Luise.

»Daraus wird heute wohl nichts mehr«, wandte der Mitreisende ein, der sich schon bei Antritt der Reise als Veit Eberlein aus Seukendorf vorgestellt hatte. »Nach Einbruch der Dunkelheit lassen die uns nimmer auf das Schiff, das weiß ich von meinem Nürnberger Agenten.«

Diese Auskunft verunsicherte Luise. Sie hatte alles sorgfältig geplant und sich genau an die Ratschläge in den Briefen ihres älteren Bruders Michel gehalten. Doch dass sie vielleicht in Bremerhaven übernachten mussten, damit hatte sie nicht gerechnet. Hilfe suchend blickte sie Veit Eberlein an. Der Franke erschien ihr vertrauenswürdig.

»Wo sollen wir bloß übernachten?«

»Dort, wo ich auch übernachte, in der großen Gepäckhalle vom Norddeutschen Lloyd. Den Tipp habe ich auch von meinem Agenten.«

»Ist das teuer?«, wollte Luise wissen.

»Wenn man eine bezahlte Passage für ein Schiff vom Lloyd vorweisen kann, kostet es nichts«, beruhigte sie der Mann.

Luise seufzte erleichtert. Sie hatte sich und Christian schon die ganze Nacht auf der Straße stehen sehen, um das Geld für eine Übernachtung zu sparen.

Quietschend und kreischend kam der Zug zum Stehen. Es schien, als wollte die Maschine nach den vielen Stunden der Bewegung das Ende der Fahrt nicht akzeptieren. Mit einem letzten trotzigen Schnauben und Zischen hüllte sich die Lokomotive in eine weiße Dampfwolke.

Nach dem Aussteigen nahmen die Geschwister ihren Reisekorb bei den Griffen, und Luise achtete darauf, Veit Eberlein in der Menschenmenge nicht aus den Augen zu verlieren. Auf einmal blieb Christian stehen und rief mit Blick auf das Wasser: »Schau! Das ist bestimmt unser Schiff.«

Am Kai lag ein Dampfer mit zwei Masten und einem dicken Schornstein dazwischen. Luise warf einen kurzen Blick auf das Schiff, dann schaute sie wieder nach dem Franken, doch der war inzwischen in der Masse der Reisenden verschwunden. So folgten sie einfach der Menge, die zu einem riesigen roten Bauwerk mit zwei eckigen Türmen strebte.

Luise und Christian schlossen sich der Menschenschlange vor dem Backsteinbau an, die nur langsam in dem großen Tor verschwand. »Warum dauert das so lange?«, maulte Christian.

Der Mann vor ihm drehte sich um und antwortete: »Weil am Eingang die Passagebillets vorgezeigt werden müssen.«

Reflexartig tastete Luise nach den Fahrkarten, die sie in einer extra eingenähten Innentasche ihrer Jacke verstaut hatte. Sie war beruhigt, als ihre Finger die wichtigen Papiere fühlten.

Als sie endlich das große Tor erreichten, war es schon dunkel.

Der Matrose am Eingang warf einen kurzen Blick auf die Billets und ließ die beiden ein.

Das Licht in der Halle war schummrig, nur wenige Laternen hingen an den Balken der Konstruktion. Luise versuchte sich zu orientieren. Überall hatten sich Gruppen von Reisenden mit Koffern, Säcken, Schachteln und Kisten niedergelassen. Die meisten saßen auf ihren Habseligkeiten, andere lagen auf Decken und benutzten ihr Gepäck als Lehne oder Kopfkissen. Verunsichert irrten die Geschwister zwischen den Leuten umher, bis Luise sich ein Herz fasste und eine Familie ansprach:

»Dürfen wir uns zu euch setzen?«

Eine ältere Frau, die auf einem Strohkoffer saß, blickte auf und antwortete: »Nur zu, Kinder, hier gibt es keine Reservierungen. Macht es euch bequem.«

Die beiden stellten ihren Reisekorb ab und begannen sofort, die Schnüre aufzuknoten, mit denen die Wolldecken außen festgebunden waren.

Erschöpft, aber erleichtert ließen sie sich auf ihr Deckenlager nieder, und Luise holte aus einem Beutel die Reste ihres Reiseproviants: einen Kanten Schwarzbrot und ein Stück Hartwurst.

»Morgen auf dem Schiff bekommen wir wieder etwas. Da können wir jetzt alles aufessen.«

Christian zog sein kleines Messer aus der Lederscheide und teilte das Brot und die Wurst.

Bevor sie sich schlafen legten, band Christian das eine Ende der Schnur an den Griff des Reisekorbs, das andere um Luises Handgelenk.

Die Geschichten von Auswanderern, denen man schon vor Betreten des Schiffs ihr ganzes Hab und Gut gestohlen hatte, kannte man sogar in der Oberpfalz. Das war auch der Grund, warum Luise die gesamte Barschaft in einem Leinenbeutel aufbewahrte, den sie sich um die Taille gebunden hatte. Beruhigt und in ihre Decken eingewickelt kuschelten sich die Geschwister aneinander, um sich gegenseitig zu wärmen. Christians dunkelblauer Leinensack diente ihnen als Kopfkissen. Wie von Ferne umgaben sie das Gemurmel und die Stimmen und begleiteten sie in den Schlaf.

Der schrille Ton einer Trillerpfeife riss die Geschwister unsanft aus dem Schlaf. Luises angebundene Hand erinnerte sie sofort daran, wo sie sich befand und dass heute der Tag war, an dem sie nach Amerika aufbrechen würden.

Christian löste freudig erregt die Schnur vom Handgelenk seiner Schwester. Wieder schrillte die Trillerpfeife. Luise sah, dass es ein Matrose am großen Tor war, der da pfiff.

»Achtung, Achtung! Begeben Sie sich jetzt mit Ihrem Gepäck nach draußen! Gegenüber liegt das Schiff *Berlin*, das Sie nach Amerika bringen wird. Befolgen Sie alle Anweisungen des Agenten des Norddeutschen Lloyd und der Schiffsbesatzung!«

Die Menge schob sich langsam durch das große Tor, endlich standen auch Luise und Christian auf dem Kai in der Morgensonne.

Als Luise die riesige Menschenmenge vor dem Schiff sah, bekam sie es mit der Angst zu tun.

»Um Himmels willen! Die passen doch gar nicht alle auf das Schiff.«

Dieses Mal war es Christian, der besser Bescheid wusste und sie beruhigte. Wie ein Reise-Agent zitierte er aus der Schiffsbeschreibung: »Das Schiff *Berlin* bietet vierundachtzig Passagieren in der ersten Klasse Platz und sechshundert im Zwischendeck. Es wurde 1867 in Schottland gebaut, ist neunzig Meter lang und erreicht eine Geschwindigkeit von zehn Knoten.«

»Ja, ja, mein Gscheiterle. Aber ich kann es mir trotzdem nicht vorstellen, wie wir da alle hineinpassen sollen.«

Bevor Christian weitere technische Daten zum Besten geben konnte, erklang eine Megaphonstimme. An der Reling der

Berlin stand ein Uniformierter, der sich mit einer langen, glänzenden Sprechtrompete Gehör verschaffte.

»Ich bitte die Passagiere der ersten Klasse an Bord zu kommen und sich einzuschiffen. Die Zwischendeckpassagiere warten, bis sie weitere Instruktionen erhalten!«

Christian reckte den Hals, weil er unbedingt sehen wollte, wie die Leute aussahen, die sich eine Kabine erster Klasse nach Amerika leisten konnten.

Nach über einer Stunde waren die Kabinenpassagiere endlich abgefertigt. Christian knurrte schon der Magen. Dann endlich ertönte die Sprechtrompete des Schiffsoffiziers und forderte die Zwischendeckpassagiere auf, das Schiff zu betreten und sich dort auf dem Achterdeck einzufinden. Es dauerte eine Weile, bis man alle sechshundert Auswanderer mit ihren Gepäckstücken auf dem hinteren Deck zusammengepfercht hatte. Dann ertönte wieder die Megaphonstimme: »Ich rufe jetzt die Namen der gemeldeten Passagiere auf. Der Aufgerufene tritt vor! Ich kontrolliere das Passagebillet. Danach wird unser Schiffsarzt jeden inspizieren. Ich weise darauf hin, dass der Norddeutsche Lloyd berechtigt ist, kranke und hilflose Personen sowie Krüppel von der Beförderung zurückzuweisen. Allerdings können diese trotzdem befördert werden, wenn sie eine Kaution von siebzig Dollar hinterlegen oder eine Bescheinigung vorweisen, dass sie in Amerika von Angehörigen erwartet werden, die für sie aufkommen. Achtung, es geht los! Altengruber, Joachim, vortreten!«

Es entstand eine aufgeregte Unruhe unter den Menschen auf dem Achterdeck, und Luise meinte: »Ich komme mir vor wie auf dem Viehmarkt in Floß.«

Nacheinander rief der Reederei-Agent die Namen auf, woraufhin jedes Mal ein Geschiebe und Gedränge entstand, wenn sich die Aufgerufenen mit ihrer gesamten Habe einen Weg durch die Menge bahnten.

Christian wurde immer ungeduldiger und sein Hunger immer größer. »Ich bin gespannt, wie lange wir auf dem Schiff auf das Essen warten müssen.«

Hinter ihm stand ein Junge in seinem Alter und schmatzte einen Apfel. Etwas neidvoll schaute Christian ihm zu.

»Ich bin der Heinrich, magst du einen Apfel?«

Christian strahlte und nahm den Apfel, den ihm der andere anbot. Mit einem geschickten Griff brach er die Frucht in zwei Hälften und reichte die eine seiner Schwester.

»Danke! Ich bin der Christian. Christian Gollwitzer aus Sankt Ötzen in der Oberpfalz«, stellte er sich kauend vor.

»Ich bin der Heinrich Voigt aus Blaufelden im Württembergischen.«

»Bist du allein unterwegs?«, fragte Christian verwundert.

»Ja. Und du mit deiner Schwester, gell?«

»Ja, das ist meine Schwester Luise. Unser Bruder Michel ist schon seit zwei Jahren in Amerika.«

»Ich kenn keinen dort drüben. Ich soll mich in Cleveland beim Pfarrer Schwan melden.«

Gerade als Christian erzählen wollte, dass auch sein Ziel Cleveland sei, wurde er aufgerufen. Die Geschwister drängten sich durch die inzwischen schon etwas kleiner gewordene Menge.

Der Reederei-Agent war ein missmutiger junger Mann, der sich wohl mit solch unangenehmen Außendienstarbeiten die ersten Sporen verdienen musste. Er trug einen schwarzen Wollmantel, der bis zu den Knöcheln reichte, und den Kopf zierte ein Zylinder. Neben ihm stand ein Mann mit einem langen grauen Bart in einer Marineuniform, der Schiffsarzt. Zwei kräftige, grimmig dreinblickende Matrosen flankierten die beiden. Sie würden zweifellos auf einen Wink des Agenten oder des Arztes nicht erwünschte Personen ergreifen und notfalls mit Gewalt von Bord bringen.

Schüchtern und etwas ängstlich traten Luise und Christian zur Examination an. Der Agent verglich die Billets mit seiner Liste und machte hinter ihre Namen einen Haken. Dann nickte er dem Arzt zu. Der warf einen routinierten Blick auf die Geschwister, schließlich wandte er sich an Luise: »Schwanger?«

»Um Himmels willen! Ich bin nicht verheiratet!«

»Das ist kein Hindernis«, sagte der Arzt. »Also nicht schwanger?«

»Nein, auf keinen Fall!«

Luise war entsetzt ob dieser Unterstellung.

»In Ordnung.« Der Arzt machte eine Handbewegung zum Agenten. »Ins Zwischendeck!«

Der Agent deutete auf eine große Luke in der Mitte des Schiffs. »Der Junge geht bugwärts in die Männerunterkunft, das Fräulein begibt sich ins Heck in die Jungfernunterkunft!«

»Aber Sie können uns doch nicht trennen, wir sind Geschwister!«, widersprach Luise.

»Das sind die Vorschriften! Ledige Männer und Knaben ab zwölf Jahren schlafen im Bug, ledige Frauen im Heck, dazwischen die Familien mit Kindern. Klar?«

Wie zur Bestärkung seiner Worte rückten die beiden stämmigen Matrosen einige Zentimeter näher an Luise und Christian.

»Aber ...«

»Nichts aber. Haltet hier nicht den Betrieb auf! Ihr könnt euch mittschiffs bei der Essenausgabe und beim Deckspaziergang treffen. Und jetzt runter mit euch!«

Wütend und verunsichert packten die Geschwister ihren Reisekorb und gingen zur Luke.

»Ich dachte, wir könnten die ganze Zeit zusammenbleiben«, sagte Luise traurig.

»Das schaffen wir schon. Du hast doch gehört, dass wir uns treffen dürfen«, beruhigte Christian sich und seine Schwester.

Luise passte diese Situation ganz und gar nicht, von einer Trennung der Passagiere hatte ihr der Michel nichts geschrieben. Aber vielleicht war ihm diese bei seiner eigenen Überfahrt nicht aufgefallen, immerhin hatte er seine Reise allein unternommen.

Mit einem mulmigen Gefühl standen sie am Rand der Luke und blickten in das Dunkel des Schiffsinnern.

»Ich geh zuerst, und du reichst mir dann den Korb herunter«, sagte Christian und verschwand, ohne auf eine Antwort zu warten.

Unten angekommen, mussten ihre Augen sich erst an das Dämmerlicht gewöhnen. Sie standen in einem großen, düsteren Raum, zur Linken erstreckte sich vor einer Holzwand ein langer Tresen – dies war wohl die Essensausgabe. In der Mitte des Fußbodens befand sich eine weitere Luke nach unten. Es gab nur eine einzige Tür, und auf der stand: »Zutritt bei Strafe verboten!«

Hilfe suchend blickte sich Luise um. Am Tresen lungerten ein paar Matrosen und würfelten. Dass sie eigentlich zur Einweisung der Passagiere hier waren, ließen sie nicht erkennen.

Christian ging auf die Seeleute zu und fragte: »Wo geht's hier bitte zum Zwischendeck?«

Ein Matrose machte sich die Mühe, vom Spiel aufzublicken, und deutete mit dem Kopf in Richtung einer Luke: »Da.«

Christian ärgerte sich über diese Unfreundlichkeit, und wortlos kletterten die Geschwister noch eine Treppe tiefer.

Der Raum, den sie nun erreichten, sah aus wie der darüber. Auch hier war wieder eine große Luke im Boden, die ins Unterdeck führte. Dort, ganz unten im Bauch des Schiffs, befanden sich der Maschinenraum, der Kohlenbunker und die Vorräte für die Überfahrt. Der Zutritt war für Passagiere strengstens verboten. Auf beiden Seiten entlang des Schornsteins befand sich je ein Gang. Ein Schild wies darauf hin, dass es hier Richtung Bug zum »Zwischendeck Familien und Durchgang Männer« ging, Richtung Heck zum »Zwischendeck Familien und Durchgang Frauen«.

Luise nahm Christian noch einmal in den Arm und flüsterte ihm ins Ohr: »Lass uns das Beste daraus machen. Es wird schon alles gut werden. Wir sehen uns zum Mittagessen dort oben.«

Dann trennten sich ihre Wege. Luise schleppte den schweren Weidenkorb nun allein, Christian schulterte seinen Leinensack.

Sein Weg führte ihn an vielen Holzverschlägen vorbei, die alle mit Familien belegt waren. Er ging weiter und sah vor sich, in der Mitte des Schiffs, der Kiellinie folgend, einen Holztisch mit zwei schmalen Bänken, die erst weit vorne an einem Mast endeten. An dem Tisch saßen bereits viele Auswanderer. Christian folgte dem engen, von wenigen Laternen schwach erleuchteten Gang Richtung Bug, quetschte sich an einer Frau vorbei, die ihren Säugling auf dem Tisch wickelte, und erreichte endlich einen weiteren Durchgang mit dem Schild »Zwischendeck Männer«. Dahinter wurde es wieder heller, denn in der Decke befand sich eine Luke mit einer Treppe nach oben. Man konnte also auch von hier aus an Deck gelangen und musste sich nicht immer durch den Familienbereich quälen. An der Wand hingen Blechkannen und Blechtassen, davor standen einige Fässer mit Frischwasser, und an einem Haken hing eine Schöpfkelle. Hier konnte man also seinen Durst löschen. Plötzlich hörte er seinen Namen: »Grüß Gott, Christian!«

An einem langen Tisch saß Veit Eberlein. Christian freute sich, ein bekanntes Gesicht wiederzusehen.

»In meinem Kabuff ist noch Platz. Magst du dazukommen?«

Veit Eberlein erhob sich und quetschte sich zwischen zwei der so genannten »Kabinen«.

»Hier herein, junger Mann«, lud Veit freundlich ein und zog einen dreckigen Stofffetzen, der Privatsphäre vermitteln sollte, zur Seite. Eine »Kabinentür« gab es nicht. Es war nicht mehr als ein Verschlag: links und rechts jeweils zwei Holzpritschen übereinander, dazwischen ein winziger Tisch und ein Hocker, sonst nichts. Sechs dunkle Quadratmeter voll muffiger abgestandener Luft für vier Personen.

»Die beiden Betten sind noch frei«, informierte ihn der freundliche Mann. Dann wandte er sich zur anderen Seite. »Da unter mir liegt der Gnad Adam aus Tuchenbach, auch ein Franke. Du kannst Veit zu mir sagen.«

Christian bedankte sich und schwang seinen Leinensack auf die freie obere Pritsche. Dann verließen beide den kleinen Verschlag und nahmen an dem langen Tisch Platz.

»Ein Frühstück wird es heut wohl nimmer geben«, bemerkte Christian hungrig.

Veit sah den Jungen mitfühlend an, dann holte er aus seinem Rucksack ein fettiges Papierbündel. Bedeutungsvoll langsam wickelte er es auf, und es kamen einige Würste zum Vorschein, die angenehmen Räucherduft verbreiteten. Christian lief das Wasser im Mund zusammen. Veit nahm eine Wurst und reichte sie ihm.

Christian schlang die Wurst nicht hinunter, sondern kaute jeden Bissen lange und genüsslich. Dann schob ihm Veit eine Blechkanne mit Wasser und eine Blechtasse hin. Gierig trank der Junge zwei Tassen hintereinander leer. »Danke, Veit! Das war gut.«

Nach einer kurzen Pause fragte Christian: »Warum kennst du dich eigentlich so gut aus mit allem? Warst du schon einmal in Amerika?«

»Nein. Aber ich war Soldat, da lernt man, sich schnell zurechtzufinden.«

»Meine Brüder Heinrich und Johann sind auch bei den Soldaten. Hat es dir denn dort nicht gefallen?«

»Überhaupt nicht! Ich befürchte, dass es bald wieder einen Krieg geben wird. Zurzeit ist zwar Friede, aber ich glaube, nicht mehr lange. Ich trau dem Preußenkönig nicht. Zuerst hat er zusammen mit den Österreichern gegen die Dänen gekämpft, dann gegen die Österreicher, und jetzt will er dem Franzos an den Kragen. Das dauert nimmer lang, bis es wieder losgeht. Ich hab genug vom Krieg.«

»Du warst im Krieg?«, fragte Christian mit großen Augen.

»Ja und nein. Du weißt vielleicht, dass der bayerische König auf der Seite der Österreicher war, als der Bismarck angreifen ließ. Und ich war in Nürnberg bei den Soldaten.«

»Hast du gekämpft? Hast du auch geschossen?«

»Nein, dazu ist es glücklicherweise nicht gekommen. Die Schlachten waren ja in Böhmen. Aber eines Tages tauchte vor Nürnberg die preußische Elbarmee auf. Da bin ich ganz schön ins Schwitzen gekommen. Aber die Oberen auch, und sie haben uns nicht hinausgeschickt vor die Stadt.«

»Kein Kampf?«

»Kein Kampf. Und das war gut so. Später in Königgrätz in Böhmen sind ein paar tausend Männer auf dem Feld gefallen. Das ist uns in Nürnberg Gott sei Dank erspart geblieben. Aber weil jetzt schon wieder ein Krieg droht, geh ich lieber nach Amerika. Die haben ihren Krieg schon hinter sich.«

Während ihrer Unterhaltung strömten immer wieder Neuankömmlinge in das Deck und suchten sich eine Unterkunft. Auf einmal erschien Heinrich Voigt, der Christian den Apfel geschenkt hatte.

»Ist schon blöd, wenn man einen Namen hat, der mit ›V‹ anfängt.«

»Setz dich, Heinrich! Wir haben dir ein Bett reserviert«, tröstete ihn Christian.

»Das ist schön von euch! Wo kann ich meine Habseligkeiten verstauen?«

Christian zeigte Heinrich die Pritsche, und der warf seinen Reisesack darauf, einen alten, mehrfach geflickten Mehlsack mit dem Aufdruck »Johann Schober, Ökonom, Blaufelden«.
»Das ist gut, dass wir beieinander sind«, freute sich Christian. »Ich hoffe, meine Schwester findet auch nette Leute.«
In diesem Moment begann der Boden zu vibrieren, und ein Stampfen setzte ein.
»Sie haben die Dampfmaschine angelassen, jetzt dauert es nimmer lang. Komm, Heinrich, wir gehen aufs Deck!«, forderte Christian ihn auf.
Über die nahe Treppe gelangten die Jungen ans Tageslicht. Trillerpfeifen ertönten, Kommandos flogen durch die Luft, und die Matrosen rannten zielstrebig zu ihren Einsatzplätzen. Mehr und mehr Auswanderer kamen an Deck, um Abschied von Europa zu nehmen, während die Mannschaft die Segel setzte. Christian lief mit Heinrich die Reling entlang Richtung Heck, weil er hoffte, hier Luise zu finden. Sie würde sich das Auslaufen des Schiffs bestimmt auch nicht entgehen lassen. Es dauerte nicht lange, bis er seine Schwester entdeckte.

»Luise!«, rief Christian freudig.
»Christian! Erzähl, ist alles in Ordnung bei dir?«
»Ja, ich habe Glück. Ich bin beim Veit Eberlein in der Kammer, du weißt schon, der Mann aus dem Zug.«
»Das ist gut, dass du jemand gefunden hast. Ich habe auch eine liebe Frau kennengelernt. Das ist die Schilling Margarete aus Weiden, und das ist mein Bruder Christian«, stellte sie die beiden einander vor.
»Leinen los!«
Das Kommando ließ schlagartig alle Unterhaltungen an Deck verstummen. Der große Moment war da, das Schiff setzte sich in Bewegung.

Am Kai standen nur wenige Menschen, die der *Berlin* nachwinkten.
Luise spürte auf einmal einen Kloß im Hals. Wehmut kroch in ihr hoch, und sie dachte an zu Hause, an den Vater und an die Geschwister. Einige Tränen schlichen sich in ihre Augen. So fühlte es sich also an, wenn man die Heimat verließ.
Der Wind blähte die Segel, die Maschine stampfte, und der Schlot spuckte eine große schwarze Wolke aus. Ein rußiges Wolkenband würde das Schiff bis in den Hafen von Baltimore begleiten.
Einige Passagiere stimmten ein Lied an. Die einen, um ihren Abschiedsschmerz zu vertreiben, die anderen, um ihre Hoffnungen auszudrücken, die meisten wohl beides.

Jetzt ist die Zeit und die Stunde da,
wir fahren nach Amerika.
Der Wagen steht schon vor der Tür.
Mit Weib und Kindern fahren wir.

Und kommen wir in Bremen an,
dann heißt es: Schifflein aufgetan!
Wir alle steigen getrost hinein
und denken: Gott wird mit uns sein.

Und wenn das Schifflein im Meere schwimmt,
dann heißt es: Brüder, angestrengt!
Wir fürchten keine Wasserfahrt
und denken: Gott ist überall.

Und kommen wir nach Baltimore,
dann heben wir die Hand empor
und rufen laut: Viktoria!
Jetzt sind wir in Amerika!

Die Maisonne schien freundlich auf das Schiff, und die Stimmung an Bord konnte kaum besser sein. Alle sahen hoffnungsfroh in die Zukunft. Christian teilte keineswegs die Wehmut seiner Schwester, sondern strotzte vor Zuversicht.

Endlich ertönte die Glocke, die zur Essensausgabe rief. Ein Schiffsoffizier mit einem Megaphon gab Anweisung, wie diese abzulaufen hatte: Namentlicher Aufruf, kein Gedränge, kein Geschrei. Bei Zuwiderhandlung hatte man sich wieder ganz hinten anzustellen. Das Essen durfte nicht an Deck verzehrt werden, sondern musste im Zwischendeck eingenommen werden.

Christian wartete mit Luise in der Schlange vor der großen Luke in der Mitte des Schiffs. Nach ungefähr zehn Minuten waren sie bereits auf der Treppe nach unten, und bald standen sie am Tresen. Jeder bekam einen Blechteller mit dampfenden Kartoffeln und einer Soße mit ein paar Speckbrocken. Besteck gab es keines, das musste jeder Passagier selbst mitbringen. Glücklicherweise hatte Michel in seinem Brief darauf hingewiesen.

»Wir treffen uns heute Nachmittag wieder hier, Christian. Bleib brav!«, ermahnte ihn Luise, bevor sie sich mit ihren Essensrationen wieder trennen mussten.

Zurück im Quartier setzte sich Christian neben Veit und schlang hastig seine Mahlzeit hinunter. Als er fertig war, fragte ihn der Franke: »Hat es dir geschmeckt?«

»Hauptsache satt.«

»Kannst du lesen, Christian?«, fragte Veit nach einiger Zeit und holte einen gefalteten Zettel aus seiner Jackentasche.

»Freilich!«, antwortete Christian stolz.

Veit faltete das Papier auseinander und legte es vor ihn auf den Tisch. Der Junge nahm es und begann zu lesen.

Liste des Proviants,
wie solche
gewöhnlich den Zwischendecks- und Stearage-Passagieren,
von
Bremen
nach
Newyork, Baltimore, Philadelphia oder New-Orleans und Galveston
gehend, verabreicht wird, wobei es indessen dem Capitain des Schiffes überlassen bleibt eine etwaige Abänderung zu treffen.

Sonntag: Fleisch oder Speck und Pudding mit Kartoffeln.
Montag: Fleisch oder Speck und Bohnen oder Erbsen mit Kartoffeln.
Dienstag: Fleisch oder Speck und Bohnen oder Erbsen mit Kartoffeln.
Mittwoch: Speck und Sauerkraut mit Kartoffeln.
Donnerstag: Fleisch oder Speck und Erbsen oder Bohnen mit Kartoffeln.
Freitag: Fleisch und Reissuppe oder Hafergrützsuppe mit Kartoffeln.
Sonnabend: Reis oder Scheldegerste mit Pflaumen und Syrub.

Portion
per Woche für jeden Passagier an Bord:

3 Pfund Schwarzbrod.
2 ,, Weißbrod.
$3/8$,, Butter.
$2\frac{1}{2}$,, Fleisch.
1 ,, gesalzenes oder $3/4$ Pfund geräuchertes Speck.

Jeden Morgen Caffee und jeden Nachmittag Thee oder Caffee.
Gemüse und Trinkwasser hinreichend.

Christian gab Veit den Zettel zurück. »Und? Hört sich doch gut an.«

»Papier ist geduldig. Ich traue denen nicht. Die sparen doch an uns, wo sie nur können. Das hast du doch schon am Essen heute gemerkt. Viel Kartoffeln mit Mehlkleister und nur ganz wenig Speck.«

»Sei nicht so griesgrämig, Veit! Oben scheint die Sonne. Geh doch auf dem Deck spazieren, damit der Fahrtwind deine dunklen Gedanken wegbläst«, empfahl ein Mann, der schon die ganze Zeit schweigend in der Nähe saß. Christian vermutete, dass er der Vierte in ihrer Kammer war, der Adam Gnad. Doch bevor er fragen konnte, kam Heinrich mit seinem Teller ins Männerquartier. »Ich hasse meinen Namen!«

Veit und Christian lachten und beobachteten den Jungen, wie er sein Essen in sich hineinschaufelte. Als er fertig war, wollte Christian wissen: »Warum fährst du eigentlich allein?«

»Ich hab niemanden.«

»Keine Eltern? Keine Geschwister?«

»Meine Eltern hab ich nie kennen gelernt, und ob ich Geschwister hab, weiß ich nicht. Ich bin bei einem Weber aufgewachsen, der nichts gehabt hat für mich außer Prügel. Zum Betteln hat der mich geschickt und später auch zum Stehlen.«

»Aber wie kommt es dann, dass du nach Amerika auswandern kannst? Die Passage kostet doch einen Haufen Geld«, wollte Christian wissen.

»Unser Gemeinderat hat mich aus Blaufelden rausgeschmissen. In einem Beschluss haben sie geschrieben, dass ich völlig verwahrlost und arbeitsscheu bin und dass man mich nur zum Betteln angehalten hat. Na ja, und auch, dass ich gestohlen hab. Ich hätt wirklich gern was gearbeitet. Aber in Blaufelden hat mich keiner aufnehmen mögen. Nach meiner Konfirmation hat der Rat beschlossen, mich nach Amerika zu schicken. So hab ich erfahren, dass von meinem leiblichen Vater ein bisschen Geld da war. Aber glaubt ihr, die hätten mir all die Jahre was davon gegeben, damit ich was zum Fressen hab?«

Veit schüttelte verständnislos den Kopf, und Christian bekam Mitleid mit dem Weggefährten.

»War es viel, das Geld von deinem Vater?«, wollte er wissen.
»Nein, gar nicht viel. Es reichte für die Passage und ein bisschen drüber. Und der Rat hat noch aus der Gemeindekasse fünfzehn Gulden draufgelegt, damit ich versprech, dass ich nie wieder nach Blaufelden komm. Aber da will ich sowieso nie wieder hin!«
»Als Armenhäusler wärst du auf die Dauer die Gemeinde teurer gekommen. Ich hab schon davon gehört, dass die Württemberger sogar Verbrecher aus dem Gefängnis entlassen und nach Amerika abschieben, weil sie das billiger kommt. Bisher dachte ich, das sei nur Gerede, aber jetzt glaube ich es«, sagte Veit.
Christian war entsetzt, von solchen Dingen hatte er noch nie gehört.
»Es gibt aber auch viel Gesindel unter den Auswanderern, nicht nur fromme Leut«, bemerkte der Mann, von dem Christian vermutete, dass es der Adam Gnad war.
Dieser erzählte nun von seinen Plänen: »Ich will mir in Amerika eine Farm aufbauen. Daheim kann ich nur Taglöhner oder Knecht sein, weil ich nicht der Hoferbe bin.«
»Hoferbe sein nützt dir auch nichts«, warf Christian ein. »Ich hab's bei meinem Bruder Michel erlebt. Wenn der Vater nicht übergeben will, bleibst du dein Leben lang Knecht.«
Veit beendete das deprimierende Gespräch im dunklen Zwischendeck.
»Genug der Trübsal! Gehen wir nach oben an die frische Luft und schauen uns das Meer an!«

* * *

Spätestens nach fünf Tagen musste der Letzte zugeben, dass Veit mit seiner Vorhersage bezüglich der Verpflegung recht behalten hatte. Das Essen war wesentlich weniger, als auf den Zetteln angekündigt, vor allem die Fleischrationen betrugen nicht einmal die Hälfte von dem, was versprochen worden war. Aber die Männer fanden sich damit ab, für die meisten war es mehr, als sie zu Hause zu essen hatten.

Die *Berlin* machte flotte Fahrt und kam auf ihrem Weg nach Westen gut voran. Plötzlich zog aus strahlend blauem Himmel ein Sturm auf. Die Besatzung wies die Passagiere an, zur eigenen Sicherheit auf jeden Fall unter Deck zu bleiben. Dann wurden die Luken von oben verschlossen und fest verkeilt.

Mehr und mehr schaukelte das Schiff. Die Menschen wurden in ihrem dunklen Verlies hin und her geworfen, und binnen kürzester Zeit war der größte Teil der Passagiere seekrank. Überall stank es nach Erbrochenem und den Fäkalien aus den überquellenden Latrinen.

Das hermetisch abgeriegelte Zwischendeck wurde zum Gefängnis, und immer mehr Passagiere gerieten bei der Vorstellung, für immer in einem riesigen hölzernen Sarg gefangen zu sein, in Panik. Einige stürmten die Treppen zu den Luken und schlugen sich die Fäuste blutig. Doch die Besatzung ignorierte das wütende Trommeln ebenso wie die verzweifelten Hilfeschreie.

Nach endlos langer Zeit beruhigte sich die See schließlich, der Sturm flaute ab. Die erschöpften Passagiere rangen immer noch nach Luft, bis endlich die Luken wieder geöffnet wurden. Langsam erholten sich die Menschen von den traumatischen Erlebnissen.

* * *

Seit Bremerhaven stand das Leben der Auswanderer unter dem Motto »Schlange stehen«. Schlange stehen beim Einschiffen, dreimal täglich Schlange stehen bei der Essensausgabe, Schlange stehen an den Schaltern der amerikanischen Einwanderungsbehörde, Schlange stehen bei der erneuten medizinischen Untersuchung in Baltimore – das Zusammenleben der Menschen bestand seit Wochen in erster Linie darin, sich dicht hintereinander aufzustellen und zu warten.

Doch bald würde sich dieser Zustand für Luise und Christian ändern. Nur noch einmal anstellen vor der Geldwechselstube und einmal am Fahrkartenschalter des Bahnhofs, dann war es geschafft. Die Reise näherte sich ihrem Ende.

Christian war ganz begeistert von der imposanten Lokomotive mit dem gewaltigen Schornstein und dem riesigen Kuhfänger als Vorbau, der wohl jedes Hindernis von den Schienen räumte. Während der Fahrt nach Westen hielt der Junge aber vergeblich Ausschau nach Büffeln oder gar Indianern. Stattdessen säumten aufstrebende Städte und endlose Felder, Äcker und Wiesen den Weg bis zur Stadt am Eriesee.

Als der Zug mit quietschenden Bremsen am Hauptbahnhof von Cleveland hielt, umklammerte Luise fest den Zettel mit Michels Adresse. Den sollte sie einem Droschkenkutscher zeigen, und der würde sie zu ihrem Bruder in ihr neues Zuhause bringen – 194 Wade Avenue.

Gegenwart:

Das Labyrinth der Informationen

Mehr und mehr beschäftigte Arno das Thema »Auswanderung nach Amerika«, und mehr und mehr verlor er sich in einem Labyrinth. Hinter jeder Tür, die er öffnete, befanden sich drei weitere. Er las Berichte von Schiffskatastrophen ebenso wie »The Amateur Emigrant«, eine Geschichte über eine Reise im Zwischendeck von Robert Louis Stevenson, dem Autor des berühmten Romans »Die Schatzinsel«.

Die Stunden rannen und rannten dahin, und wenn er bei der Auswanderergepäckhalle in Bremerhaven anfing zu recherchieren, landete er binnen Kurzem beim Telefonbuch von Cleveland aus dem Jahr 1900 und stellte fest, dass Christian Gollwitzer nun Kutscher war und immer noch oder wieder in der 194 Wade Avenue wohnte. Viele Tage und manche Nächte verbrachte Arno am Computer, immer auf der Suche nach Informationen über die ausgewanderten Gollwitzer und ihre Nachfahren. Die Großen Seen in Nordamerika hatten es ihnen wohl besonders angetan, denn dort fanden sich die meisten Menschen mit diesem Namen.

Hilfreiche Funde im Internet waren auch die alten Meldungen in Tageszeitungen aus der Mitte des neunzehnten Jahrhunderts wie dem »Anzeiger für Hof und Umgegend«, der viel über das Alltagsleben, das Wetter und die kleinen Sensationen und Skandale berichtete. Webseiten wie die mit den »Briefen des Johann Heinrich zu Oeveste« nach Hause halfen ihm zum Verständnis der Zeit und der Menschen ebenso wie alte Passagierlisten, Einwanderungsunterlagen und Zensusberichte. Erstaunlich, was kommerzielle amerikanische Ahnenforschungsseiten so alles an Unterlagen und Zugang zu Archiven anboten. All diese Informationen waren Teile eines gigantischen Puzzles, das Arno Schott nur richtig zusammensetzen musste, um ein lebendiges Zeitbild zu erhalten. Und mitten darin fand er die Nachfahren von Georg Gollwitzer und in einer Passagierliste sogar ihn selbst.

Besonders ertragreich für seine Recherchen der Schicksale von Luise, Christian und den anderen Geschwistern war das Internet-Projekt »*The Encyclopedia of Cleveland History*«, bei dem mit Hilfe der Bevölkerung der Stadt unendlich viel Material in Text und Bild zusammengetragen und ins Web gestellt worden war.

Und Arno entdeckte, dass die Auswanderung nach Amerika nicht immer freiwillig erfolgte, was ihm vorher nicht bekannt gewesen war. Viele Gemeinden sahen in der Abschiebung über den großen Teich die Möglichkeit, unbequeme oder kostenintensive Untertanen loszuwerden. Und man tat viel dafür, dass diese nicht mehr zurückkehren konnten:

»Vor der Absendung der zu verschiffenden Personen« sei »ein Paß zur Reise nach Amerika« auszustellen, »worin aber das Verbrechen des zu Verschiffenden nicht zu erwähnen« sei. »Vertraulich« schärfte man den »nachgesetzten Behörden« ein, dass »alle Abweichungen von gewöhnlichen Pässen auf das Sorgfältigste vermieden werden« müssten. Vor allem dürfe »das Wort ›zurückreisen‹ in den Pässen nicht gestrichen« werden. Man müsse »verhindern, daß der Aufnahme von Narren, Zucht- und Werkhaus-Gefangenen oder sonstigen gefährlichen Personen, welche auf ihren Wunsch nach Amerika übersiedelt werden sollen, … Schwierigkeiten in den Weg gelegt werden«.

»Den müssen wir nach Amerika schicken«, war bald eine gängige »Redensart für Leute, die man loswerden wollte«: vom lästigen

Bruder bis zur ledigen Mutter, vom Armenhäusler bis zum Zuchthäusler, vom »unruhigen Kopf« bis zum »trägen Bürger«; auch dem »Zeitgeist« verfallene »vaterlandslose Gesellen«.

Arno fand im Internet auch den berührenden Brief einer Ordensschwester Perpetua über ihre Anfänge in Cleveland:

Der Winter des Jahres 1876 war strenge und wir wohnten noch immer in unserem kleinen Palast. Da wir keinen Keller hatten, mußten unsere wenigen Vorräthe, um sie gegen den Frost zu schützen, ins Refektorium gebracht werden; allein dann blieb kein Platz für die Stühle. Sie wurden also herausgebracht und wir saßen beim Studium, bei Tisch etc. auf unserer Kartoffelkiste viel bequemer als der deutsche Kaiser auf dem weichsten Sofa. In ihrer fürsorglichen Liebe hatte die gute Ehrw. Mutter uns verboten noch ferner unter dem Dache zu schlafen. Wir stellten deswegen jeden Abend etwas vor 9 unsere Betten in der Küche auf und am anderen Morgen etwas nach 5 wurde alles wieder weggepackt. Das waren Zeiten, wo praktisch die hl. Armuth zu üben war, doch aufrichtig gesagt, sie gehören zu den seligsten meines Ordenslebens.

Dieselbe Äußerung habe ich wiederholt von Schw. M. Pankratia und M. Polykarpa gehört.

Vergangenheit:

Briefe aus Amerika

<u>Cleveland, den 21. September 1870</u>

Mein lieber Papa!

Hab Dank für Deinen Brief, den Du der Anna diktiert hast. Der Michel, der Christian und ich sind wohlbehalten und gesund. Inzwischen habe ich Arbeit in einer kleinen deutschen Näherei gefunden, und der Christian hat eine Anstellung in einem Laden gleich bei uns um die Ecke. Wir wohnen weiterhin im gleichen Haus wie der Michel. Man hat uns unterm Dach eine kleine Kammer vermietet, wo man aber nur schlafen kann. Am Abend geh ich meistens zum Michel in die Stube. Es ist ja nur für den Anfang, bis wir uns etwas Besseres leisten können. Hauptsache ist doch, dass wir beide eine Arbeit haben.

Du weißt ja, dass es in Cleveland viele Deutsche gibt, und die reden alle vom Krieg in der Heimat gegen Frankreich und dass wir bestimmt gewinnen werden. Ich mach mir natürlich Sorgen um den Heinrich und den Johann. Ich bitt Dich inständig, dass Du uns mitteilst, wie es den beiden ergeht. Sag einfach wieder der Anna, was sie schreiben soll, und die macht das schon. Ich wollt, unsere Brüder hätten es genauso gemacht wie der Michel und wären auch hier in Sicherheit. Es wär halt schön, wenn wir hier in Cleveland wieder alle beieinander sein könnten.

Grüß bitte die Geschwister und alle auf dem Hof! Deine Tochter Luise

Cleveland, den 30. März 1871

Mein lieber Papa!

Die Nachricht, dass unser Johann gefallen ist, hat uns sehr traurig gemacht. Was nützt uns der deutsche Sieg, wenn doch unser Johann tot ist? Da hilft es mir auch nicht, dass die Leut sagen, dass er für eine große Sache gestorben ist, dass er sogar ein Held ist. Was hat er denn davon? Was haben wir davon? Jetzt liegt er irgendwo in Frankreich allein in einem Grab, und wir wissen nicht einmal, wo.

Ein kleiner Trost in diesen Tagen ist zu wissen, dass unser Heinrich den Krieg überlebt hat. Ich hoffe nur noch, dass er bald von den Soldaten entlassen wird und wieder in die Heimat darf.

Wie die Deutschen hier gehört haben, dass wir gewonnen haben, sind alle zum Public Square gezogen, das ist der Platz im Zentrum von Cleveland. Da versammeln sich die Leut immer, wenn es etwas zu feiern gibt.

Wir sind auch hingegangen, obwohl mir wegen dem Johann gar nicht zum Jubeln war. Aber ich will nicht, dass die Leute von der deutschen Gemeinde denken, dass wir keine Patrioten sind. Das wär nicht gut für die Nachbarschaft. Wir brauchen doch alle einander hier in der Fremde. Die Böhmen und die Iren und die Italiener halten auch alle zusammen, vor allem wenn es um Arbeit und Wohnungen geht. Da darf man sich nicht absondern.
Aber der Michel weiß das alles und sorgt schon dafür, dass wir alles richtig machen. Der Christian ist seit Januar Handlanger in der gleichen Mühle am Cuyahoga-Fluss, wo auch der Michel schafft. Da können die beiden jetzt immer zusammen hingehen, und der Michel hilft ihm beim Eingewöhnen.

Heute Nachmittag ist Gottesdienst in der Zionkirche beim Pfarrer Schwan. Ich bet für unseren Johann und die Mutter und auch für die Mama.

In diesen Tagen denk ich oft an daheim und vor allem an den Johann, der mit einundzwanzig Jahren schon hat von uns gehen müssen. In der Welt gibt es so viel Ungerechtigkeit, und wir können nichts dagegen tun!
Ich schließ jetzt diesen Brief, weil ich schon wieder weinen muss.

Bitte grüß alle von mir!
Deine Tochter Luise

Cleveland, den 12. September 1872

Mein lieber Papa!

Heute gibt es eine gute Nachricht, über die Du Dich sicher freuen wirst. Ich habe mich verlobt! Gottlieb Kübler heißt Dein künftiger Schwiegersohn, und er ist Brauer von Beruf. Der Gottlieb ist schon als Bub 1858 mit seinen Eltern aus Württemberg nach Amerika ausgewandert, und er ist ein richtiger German-American. Ich kann die Sprache inzwischen auch ganz gut und kann mich schon in Englisch unterhalten.

Die Hochzeit ist fürs nächste Frühjahr geplant, und ich freu mich schon sehr darauf. Mein größter Wunsch wird aber leider nicht in Erfüllung gehen, dass Elli, Eva, Katharina, Heinrich und Du zu unserer Hochzeit kommen.

Cleveland wächst und wächst, und jeden Tag kommen mehr Menschen dazu. Die Stadt hat jetzt schon über 100.000 Einwohner! Unvorstellbar! Ständig bauen sie hier Häuser und Fabriken und Läden. In unserer Gegend kenne ich mich gut aus, aber in den anderen Stadtteilen würd ich mich bestimmt verirren.

Dem Michel und dem Christian geht es gut. Sie lassen Dich grüßen und mein Gottlieb unbekannterweise auch.

Alles Gute wünscht Dir Deine Tochter Luise

Cleveland, den 10. Februar 1873

Mein lieber Papa!

Ich hoffe, in Sankt Ötzen ist alles wohlauf und Du bist gesund.

Mir geht es ja so gut, ich könnt die ganze Welt umarmen! Am 4. Februar haben der Gottlieb und ich geheiratet. Nach der Trauung in der Zionkirche sind wir zum Feiern alle mit der Pferdebahn nach Newburgh ins Cataract Haus gefahren. Das ist ein Hotel mit einem großen Wirtshaus, wo viele Feste gefeiert werden. Es liegt neben den Wasserfällen vom Mill Creek, der in unseren großen Cuyahoga-Fluss fließt.

Es war so schön! Eine Blaskapelle hat bis weit nach Mitternacht gespielt, und alle haben getanzt und gelacht. Der Michel hat dann den Gottlieb und mich mit einem Zweispänner zurück nach Cleveland gefahren.

Seit vorgestern haben wir eine kleine, helle Wohnung in der Hitchcock Avenue. Der Kuby, wie den Gottlieb alle nennen, ist fest am Einrichten, damit es richtig schön wird. Er ist ein ganz Fleißiger. In ein paar Wochen will Gottlieb die Prüfung als Braumeister machen. Dafür lernt er abends, und nie geht er ins Wirtshaus.

Der Christian ist in einem schwierigen Alter und macht mir Sorgen. Er treibt sich oft mit einer Gruppe junger Männer rum, zu der auch der Voigt Heinrich von der Überfahrt gehört. Hoffentlich stellen die Burschen nichts an, wenn sie zu viel getrunken haben. Vielleicht meint der Christian, dass ich ihn nicht mehr mag seit meiner Heirat. Aber ich habe ihm versprochen, dass ich immer für ihn da sein werd, wenn er mich braucht. Aber er folgt mir in letzter Zeit nicht mehr. Er ist oft ungezogen, und auf der Arbeit ist er auch aufsässig, hat mir der Michel erzählt. Hoffentlich entlassen sie den Christian nicht. Ich hoffe, die Flegeljahre gehen bald vorbei.

Herzliche Grüße nach Sankt Ötzen und zum Heinrich nach Hildweinsreuth.

Deine Tochter Luise,
die jetzt Missis Kübler heißt.

<u>Cleveland, den 12. November 1874</u>

Mein lieber Papa!

Deinen letzten Brief vom 6. Mai haben wir zu unserer großen Freude Anfang Juni erhalten. Ich hoffe, dass es euch allen gut geht. Ich weiß ja, dass die Anna es Dir gut richtet. Wenn Dich dieser Brief erreicht, wird es schon auf Weihnachten zugehen. Wie oft denke ich an Weihnachten in St. Ötzen, wie die Mama selig noch lebte! Mich tröstet, dass sie jetzt zusammen mit meiner Mutter an einem besseren Ort ist und die beiden von dort auf uns herabschauen.

Ich weiß, dass es auf Erden keinen Ort ohne Not gibt, auch nicht in Amerika. Aber an manchen Orten ist sie vielleicht ein bisserl kleiner als an anderen.

Lass mich Dir nun erzählen, wie es uns in den letzten Monaten ergangen ist.

Seit der Michel von der Stadt hinaus aufs Land in die Lantermans Mühle gezogen ist, wo er Arbeit gefunden hat, wohnt der Christian jetzt beim Gottlieb und mir im ersten Stock in der Walnut Avenue. Walnut heißt zu Deutsch Walnuss. Die Straße hat den Namen von den vielen Walnussbäumen, die hier stehen. Unsere neue Wohnung ist recht komfortabel.

Ich mag gar nicht mehr an die Dachkammer denken, wo es uns im Winter auf die Bettdecke geschneit hat.

Unsere Nachbarn hier stammen alle aus Deutschland, so dass man in unserer Gegend auf der Straße kein einziges englisches Wort hört.

Der Gottlieb hat gesagt, dass jeden Monat fünfhundert bis tausend Auswanderer nach Cleveland kommen, vor allem Deutsche, Böhmen und Iren. Da kann man nur froh sein, wenn man ein Dach über dem Kopf hat und eine Arbeit. Wegen der Wirtschaftskrise gibt es immer mehr Arbeitslose, die auch für den halben Lohn arbeiten. Von den vielen Eisenbahngesellschaften gehen jeden Tag welche bankrott, und die Leute haben kein Auskommen mehr. Es ist schlimm, wie die Männer auf der Straße um Arbeit betteln.

Mein Gottlieb hat dafür gesorgt, dass der Christian als Kutscher in der Brauerei August Burckhardt, wo er selbst arbeitet, eine feste Stellung gefunden hat. Du weißt ja, dass der Christian mit Rössern gut umgehen kann, grad so wie der Onkel Adam in der Mohrensteinmühle. Nun schafft der Christian das Bier mit einem zweispännigen Fuhrwerk vom Brauhaus zum Bahnhof, zum Hafen und zu den Wirtshäusern.

Ich bin ja so froh, dass er nicht mehr diese Flausen im Kopf hat! Die letzte Zeit war er schon ein arger Wildfang, und der Gottlieb und der Michel haben ihm ein paar Mal ins Gewissen geredet. Zuerst wollte der Christian nämlich zu den Soldaten, weil sein Freund, der Voigt Heinrich von der Überfahrt, im letzten Oktober Soldat geworden ist. Seine Stellung bei einem deutschen Bäcker hat der Heinrich aufgegeben und ist stattdessen zur Kavallerie vom General Custer gegangen, der immer gegen die Indianer kämpft.

Da hat der Gottlieb dem Christian gesagt, dass vor allem das Gesindel und die Arbeitsscheuen unter den Auswanderern zu den Soldaten gehen, weil sie keine richtige Arbeit machen wollen. Da kriegen sie dann Fourage und was zum Anziehen und eine Unterkunft.

Dafür müssen sie überall im Westen gegen die aufständischen Indianer kämpfen, und viele von den Soldaten hat man massakriert. Der Michel hat mit dem Christian geschimpft und gesagt, dass es schlimm genug ist, dass uns der Krieg gegen den Franzos den Johann genommen hat. Er will nicht noch einen Bruder bei den Soldaten verlieren. Aber der Christian hat nicht nachgegeben und gesagt, dass er dann eben zu den Goldsuchern in die Black Hills geht. Das sind die Schwarzen Berge, in denen sie jetzt Gold schürfen. Aber da sitzen halt auch die Indianer und wollen ihr Land nicht hergeben. Ich kann sie ja verstehen. Wenn ich Land besitzen tät, wo man Gold findet, würd ich es auch nicht einfach hergeben. Der Gottlieb hat dann den Christian aber doch abhalten können und gemeint, dass er ja nicht einmal das Geld für eine Ausrüstung als Goldgräber habe. Der Christian hat dann doch die Arbeit als Kutscher angenommen, damit er sich das Geld von seinem Lohn zusammensparen kann. Aber ich denke, wir brauchen uns wegen ihm keine Sorgen mehr machen. In letzter Zeit seh ich ihn öfters mit der Traxler Rosa. Ich glaub, mein kleiner Bruder ist verliebt. Da wird er nicht mehr zu den Goldgräbern wollen, wenn er hier in der Stadt ein Mädel hat.

Eine andere Sorge treibt uns um. In Cleveland gibt es eine Gruppe von Frauen, die den Alkohol verbieten lassen wollen. Stell Dir vor,

die wollen, dass der Staat alle Brauereien und Schnapsbrennereien schließt! Wir haben hier fast zwanzig Brauhäuser und ein halbes Dutzend Brennereien, die viele Familien ernähren. Mein Gottlieb sagt, die Weiber sollen halt drauf schauen, dass ihre Männer weniger saufen, aber nicht den anderen ihr Bier verbieten. Das wär schon arg, wenn die sich durchsetzen täten. Sogar der Pfarrer Schwan schimpft über diese Weiber.
  Aber ich will nicht jammern. Uns geht es ja ganz gut. Wir haben jeden Tag ein Essen auf dem Tisch, von dem die meisten bei euch daheim nur träumen.

Ich hoffe, der Heinrich kommt öfters von Hildweinsreuth herüber und hilft bei der schweren Arbeit auf dem Gütlein kräftig mit. Grüß mir die liebe Anna und sag ihr, dass ich froh bin, dass sie Dich so gut versorgt. Und wenn es gar nimmer geht, dann komm halt auch mit dem Schiff zu uns herüber. Von Michel, Gottlieb und Christian soll ich Dich ganz herzlich grüßen.
  Mein lieber Papa, ich wünsche Dir eine gesegnete Weihnacht! Wir sind in Gedanken bei Dir.

Deine Tochter Luise

★ ★ ★

Cleveland, den 23. September 1875

Mein lieber Papa!

Ich hoffe, Dir geht es gut und in Sankt Ötzen ist alles zum Besten. Es gibt viele gute Nachrichten von hier, die ich Dir gleich schreiben will. Zuallererst: Du hast nun auch von mir ein Enkelkind!
Am 30. August durfte ich einem gesunden Buben das Leben schenken. Wir ließen ihn vom Pfarrer Schwan auf den Namen Christian taufen, weil der Christian sein Pate ist. Der Gottlieb ist ein stolzer Vater, und seine Kollegen in der Brauerei haben ihm eine dicke kubanische Zigarre geschenkt, weil das hier so Sitte ist.
Und es gibt noch mehr Freude zu vermelden. Vorgestern hat der Christian seine Rosa in der evangelisch-lutherischen Zionkirche geheiratet.
Am Christian hättest Du Deine Freude, so ein feiner Mann, wie er geworden ist, und seine Rosa ist eine liebe Frau.
Der Michel ist mit seiner Magda zum Hochzeitsfest von der Lantermans Mühle herübergekommen. Er ist jetzt erster Mühlknecht und sagt den anderen, was sie tun müssen, und er ist mit allem sehr zufrieden.
Die Hochzeit haben wir zusammen mit der Taufe vom kleinen Christian im Gasthaus vom Wilhelm Leopold in der Hamiltonstraße gefeiert. Das ist ein schönes, sauberes Lokal,

wo es gutes deutsches Essen gibt. Außerdem schenken sie dort das Bier vom Gottlieb seiner Brauerei aus, das der Christian immer mit seinem Fuhrwerk hinbringt. Pfarrer Schwan hat uns mit seiner Frau Emma die Ehre gegeben und nach dem Festmahl aufregende Geschichten von seiner Zeit als Missionar in Brasilien erzählt. Musikanten haben zum Tanz aufgespielt, und alle waren fröhlich. Der Gottlieb hat mich aber schon bald heimgefahren, weil ich ja den kleinen Christian stillen musste. Die anderen haben wohl bis nach Mitternacht gefeiert.

Die Leute in der Landwirtschaft hier sind recht zufrieden, weil es ein gutes Jahr war mit einer guten Ernte. Die Petroleumfirma von Mister Rockefeller am Cuyahoga-Fluss wächst und wächst, und so finden viele dort Arbeit. An manchen Tagen kommt mir die Stadt wie ein Bienenstock vor, weil alles nur so summt und schwirrt vor lauter Geschäftigkeit. Die einen finden vor lauter Arbeit keine Ruhe, und die, die keine Arbeit finden, protestieren auf der Straße. In den Parks und auf öffentlichen Plätzen stehen jeden Tag Sozialisten und Gewerkschafter, die auf die Kapitalisten schimpfen und sagen, dass es so nicht weitergehen darf. Die einen stopfen sich die Taschen voll, und die anderen haben nichts zu essen.

Wenn ich im Zentrum der Stadt war, freu ich mich immer, wenn ich wieder in unserer gemütlichen Wohnung bin. Du solltest sehen, wie schön wir uns alles gerichtet haben. Vielleicht überlegst Du es Dir doch noch und kommst zu uns. Dein Enkel Christian tät seinen Opapa bestimmt gerne kennen lernen.

Viele herzliche Grüße von allen, auch an die Anna,

Deine Tochter und glückliche Mutter Luise

* * *

Cleveland, den 30. Juli 1876

Mein lieber Papa!

Wie sehr hab ich mich über Deinen Brief gefreut und dass Du gesund bist! Ich gratuliere Dir noch nachträglich ganz herzlich zu Deinem fünfundsechzigsten Geburtstag!
 Jetzt wäre es doch an der Zeit, dass Du Dich nicht mehr so abrackern musst. Du weißt ja, dass Du bei uns immer willkommen bist!
 Wenn Du in Nürnberg in den Zug steigst, dauert es keine drei Wochen, bis wir Dich in Cleveland vom Bahnhof abholen können.
 Wenn Du Dich bald entschließt, kannst Du rechtzeitig zur Taufe Deines nächsten Enkels hier sein. Ich bin nämlich wieder in guter Hoffnung, und im September wird es wohl so weit sein. Der Gottlieb freut sich schon ganz arg auf unser zweites Kind. Der kleine

Christian wächst und gedeiht, und Du hättest Deine Freude an ihm.
In diesem Jahr feiern sie in ganz Amerika die hundertjährige Unabhängigkeit. Hier in Cleveland war am 4. Juli, dem Nationalfeiertag, ein großes Fest. In der Zeitung hat gestanden, dass bestimmt fünfzigtausend Menschen da waren. Ein endloser Umzug mit vielen Festwagen und Blasmusik ist durch die Straßen gezogen. Geendet hat er im Lake View Park, direkt am Eriesee, nicht weit von unserer Wohnung. Wir sind natürlich auch alle hingegangen, und es hat umsonst gebratenes Ochsenfleisch und Brot gegeben. Ich weiß nicht, wie viele Ochsen sie am Spieß gebraten haben, aber es muss eine große Herde gewesen sein.
Allerdings wurde uns allen am Abend die Stimmung verhagelt. Die Nachricht, dass die Indianer den General Custer samt seinen Soldaten in den Black Hills massakriert haben, ging wie ein Lauffeuer herum. Das soll schon Ende Juni passiert sein und hat alle sehr schockiert. Ausgerechnet am Nationalfeiertag so eine schlimme Nachricht!
Der Christian hat sich Sorgen um seinen Freund, den Voigt Heinrich, gemacht, weil der ja bei Custers Truppen war. Vor ein paar Tagen haben wir erfahren, dass er gefallen ist. Und leider nicht nur er, sondern über zweihundertsechzig Soldaten sind von den Indianern umgebracht worden, darunter einige Bayern und Württemberger, die früher in Cleveland gewohnt haben. Der Engle Gustav, der Huber

Wilhelm, der Klein Gustav, der Rapp Johann, der Klotzbucher Heinrich, der Meyer Albert, der Schmidt Karl und der Seiler Johann. Von denen leben hier Verwandte und Freunde. Bei uns im Viertel gibt es keinen, der nicht mindestens einen von den Toten gekannt hat.

Der Voigt Heinrich war erst zwanzig Jahre alt, und der Christian trauert arg um ihn. Er ist froh, dass er selber damals auf unseren Rat gehört hat und nicht zu den Soldaten gegangen ist.

Ich denke, seine Traurigkeit wird bald vorbei sein, wenn ihm seine Rosa sagt, dass sie ein Kind erwartet. Sie hat es ihm aber noch nicht verraten. Stell Dir vor, Papa, unser Wildfang wird Vater!

Ich versprech Dir, dass ich Dir vor Weihnachten noch schreiben werde. Dann berichte ich Dir von Deinen beiden neuen Enkeln.

Wir denken oft an Dich und alle daheim, die wir herzlich grüßen. Ganz besonders grüße ich Dich, Papa,

Deine Tochter Luise

* * *

Cleveland, den 23. September 1877

Mein lieber Papa!

Ich hoffe, Du bist gesund und auf dem Hof ist alles wohl. Uns geht es gut, aber durch die

Politik gibt es viel Unruhe und Unsicherheit, weil die Eisenbahner von der *Baltimore & Ohio Railroad* streiken. Aber nicht nur hier in Cleveland, sondern im ganzen Land. Ich verstehe sie gut, wo sie doch so hart arbeiten, aber mit dem Lohn kaum ihre Familien ernähren können. Einer von den Eisenbahnbaronen hat gesagt, man soll den Arbeitern ein paar Tage Gewehr-Kost geben, und man wird sehen, wie ihnen dieses Brot schmeckt. Das ist schon grausam, einfach auf die Leute zu schießen, nur weil sie protestieren.

Vor ein paar Wochen hat man bei uns in Cleveland sogar eine sozialistische Arbeiterpartei gegründet, die sich für die kleinen Leute einsetzen will. Eigentlich finde ich das gut, aber die sollen es auch nicht übertreiben und nicht mit Waffen durch die Straßen laufen. Man traut sich fast nicht mehr vor die Tür.

In Pittsburgh und in Baltimore haben die Streikenden in ihrer Wut die Bahnhöfe und Eisenbahndepots angezündet. In Chicago, das nicht weit von uns weg ist, hat es noch schlimmere Kämpfe gegeben. Es gab viele Tote und Verwundete. Sogar kleine Buben haben sie erschossen. Die Regierung hat in Cleveland ein eigenes Kavallerieregiment aufgestellt, um die Stadt vor den Streikenden zu schützen. Mein Gottlieb sagt immer, mit Gewalt erreicht man gar nichts. Die sollen sich an einen Tisch setzen und zusammen ein gutes Bier trinken und alles aushandeln, dann wird man sich schon einig.

Er sagt auch, dass die Auswanderer in Amerika so viel erreicht haben und dass man sich nicht so aufregen soll, wenn es einmal nicht so gut läuft. Ich denke, dass man sich nicht alles gefallen lassen darf.

Die englischen Amerikaner schimpfen jetzt dauernd auf die deutschen und die böhmischen Einwanderer und behaupten, dass wir die Arbeiter aufhetzen und hinter den Aufständen stecken. Dabei sind wir doch genauso gute Amerikaner wie die, die englisch reden! Das ist ungerecht! Hoffentlich beruhigen die sich bald wieder, damit der Friede zurückkehrt.

Sei froh, dass ihr in Deutschland keinen Krieg und keine Aufstände habt und im Reich Ruhe herrscht.

Schöne Grüße an alle in Sankt Ötzen und auch an den Heinrich in Hildweinsreuth.

Deine Tochter Luise

* * *

Cleveland, den 10. Oktober 1878

Mein lieber Papa!

Nun hat unser Christian auch einen Stammhalter, denn am 23. September hat ihm seine Rosa den kleinen Fred geschenkt! Bei mir ist es Ende November, Anfang Dezember wieder so weit. Der Kuby freut sich schon narrisch auf den Nachwuchs, und er sagt, er möchte so viele Kinder haben, wie wir daheim in Mohrenstein waren. Ich hab ihm aber gesagt, elfe sind mir zu viel und dass ich bei zehn aufhören werd.

Es ist schlimm, dass man in der Oberpfalz nun gar keine Knechte und Mägde mehr kriegt, weil alle nach Sachsen in die Städte abgeworben werden. Wie will man ohne Leut noch seine Landwirtschaft machen? Aber wenn sie dort besser verdienen als daheim, kann ich sie schon verstehen. Es ist halt schad, dass Du nur noch schlechte Tagelöhner für den Hof findest.

Vorgestern auf der Straße ist mir etwas Komisches passiert. Da hat eine Musik gespielt, so eine wie ich noch nie gehört hab. Auf einmal hat mich ein altes Weiberl am Ärmel gezupft und mir ins Ohr geflüstert, dass sie meine Zukunft kennt. Für fünfzig Cent tät sie mir verraten, was mich erwartet in die nächsten Jahr. Ich konnt nicht widerstehen, gerade wo ich doch in der Hoffnung bin, da will man schon wissen, wie's nausgeht.
  Sie hat ganz genau meine Handflächen angeschaut und hat dann gemeint, dass ich ein sakrisch langes Leben haben werd und einen Stall voll Kinder und das nächste wird ein Mädel sein. Sie hat dann noch mehr gebrabbelt, aber das hab ich kaum noch verstanden, weil wieder die Musik gespielt hat. Meine Nachbarin, die Seilers Erna, hat mir

hinterher erklärt, dass das Zigeuner waren, die jetzt in ganzen Sippen nach Cleveland kommen. Der Kuby hat am Abend gemeint, dass ich nix auf das Gered von einem Zigeunerweib geben soll, und ich hab ihn dann gefragt, ob er wohl meint, dass ich nicht alt werd. Aber das war alles nur Spaß, und wir haben uns nicht gestritten. Wir freuen uns auf unser nächstes Kind und hoffen, dass alle gesund bleiben.

Schöne Grüße an alle in Sankt Ötzen und auch an den Heinrich in Hildweinsreuth.

Von Deiner Tochter Luise, die heute eine unbandig gute Laune hat.

* * *

<u>Cleveland, den 2. August 1879</u>

Mein lieber Papa!

Es ist schon arg, dass in der Heimat die Leut nimmer aufeinander schaun und dass sie die Nachbarn einfach verkümmern und verderben lassen. Hier ist das anders, da hilft man sich noch. Ich bin froh, dass Du Deinem Herzen einen Stoß gegeben hast und endlich zu uns kommst!
    Traurig macht mich, dass Du dem Heinrich nicht übergeben hast, wo er Dir doch immer geholfen hat. Er hat so lang darauf gewartet,

dass er den Hof von Dir übernehmen kann, und jetzt verkaufst Du an wildfremde Leut. Das ist nicht richtig. Ein Bauernhof soll in der Familie bleiben. Aber Du bist der Bauer, und es ist Deine Entscheidung, die Du allein vor Deinem Gewissen und dem Herrgott verantworten musst.

Ich lege Dir eine Liste bei, was Du alles mitbringen sollst, für den Rest sorgen schon wir in Amerika.
   Jetzt ist es ja nicht mehr lang hin, dass Dein Schiff, die *Baltimore*, von Bremen abfährt. Es gibt nur noch ein paar Sachen, die Du unbedingt beachten musst! Es gibt da eine Regel, dass ein Kapitän keine Menschen mitnehmen muss, die achtundsechzig Jahre oder älter sind. Manche Kapitäne machen das zwar trotzdem, die lassen sich aber viel Geld dafür geben. Also musst Du bei der Einschiffung sagen, dass Du erst sechsundsechzig bist. Verrate ihnen auf keinen Fall, dass Du schon siebzig bist, die würden Dir Dein Bargeld abknöpfen, aber Du hättest keinen Vorteil davon. Sie täten Dich wie jeden anderen Passagier im Zwischendeck behandeln.

Vergiss bitte nicht, der Anna eine Abfindung zu geben, wo sie Dich doch all die Jahre so gut versorgt hat.

Weihnachten können wir zusammen in Cleveland feiern!

Schöne Grüße an die Anna und auch an den Heinrich in Hildweinsreuth, der es auch noch merken wird, dass er in Amerika besser dran wär.

Deine Tochter Luise

Gegenwart:

Lebensspuren

Er ist dann wirklich nach Cleveland gekommen, der »liebe Papa«. Auf der *Baltimore* unter Kapitän Hellmers landete er am 1. Dezember 1879 mit sechshundert anderen Zwischendeckpassagieren in Amerika. Ob ihn eines seiner Kinder am Hafen abgeholt hat, war für Arno nicht mehr herauszufinden, wohl aber dass sich Georg Gollwitzer beim Einschiffen wirklich um vier Jahre jünger gelogen hatte, wie die Passagierlisten bewiesen. Sechs Jahre haben ihn dann seine Tochter Luise und deren Familie ausgehalten und umgekehrt der Oberpfälzer Eigenbrötler das Leben in Amerika.

Georg muss sich vorgekommen sein wie auf einem anderen Planeten – die hektische, pulsierende Stadt, die Menschenmassen, die Dampfwagen, die elektrische Straßenbeleuchtung – all das war eine ganz andere Welt als das stille, einsame Sankt Ötzen mitten im Wald. Dazu die räumliche Enge in der Wohnung seiner Tochter, mit deren Ehemann und den drei Kindern, zu denen während seines Aufenthalts noch drei weitere hinzukamen: Gretchen im Januar 1881, Charles im Jahr 1882 und Lewis im Mai 1884.

Dann die dramatischen Ereignisse im Land und in der Stadt, die auch in die Einwandererfamilien ausstrahlten. So 1881 die Ermordung des aus Ohio stammenden US-Präsidenten James A. Garfield und die Angst vor einem neuen Bürgerkrieg. Im Jahr 1882 gab es militante Streiks der Mühlenarbeiter, an denen auch Mitglieder der Gollwitzer-Familie beteiligt waren, und 1883 brach während einer Überschwemmung des Cuyahuga River ein Brand in Rockefellers Standard Oil Company aus und verwandelte den Fluss in ein Flammenmeer. Eine Feuerwand trieb auf die kleinen Inseln im Strom mit ihren Schnapsbrennereien zu, und es brach wegen der zu befürchtenden Explosionen eine Panik aus.

1884 wurde in Cleveland die elektrische Straßenbahn in Betrieb genommen, und 1885 kam es zu erneuten Arbeiteraufständen. Georg Gollwitzer hatte genug von der schönen neuen Welt und kehrte noch im selben Jahr im Alter von sechsundsiebzig Jahren heimwehkrank und allein in die Oberpfalz zurück. Sein Hofnachfolger im Bergdorf Sankt Ötzen, ein gewisser Lotter, fand ihn auf einem Stein sitzend, weinend in den Anblick seines früheren Anwesens versunken. Knapp zwei Jahre später, am 22. April 1887, starb Georg Gollwitzer im Armenhaus in Flossenbürg, wo man ihn einquartiert hatte.

Arno fand im Internet zuhauf Spuren von Georgs Nachkommen.
 Nach der Rückkehr des Vaters in die Oberpfalz bekam Luise noch die Zwillingsmädchen Netlice und Katharina im April 1889 und im September 1894 als neuntes und letztes Kind Hilda. In den Volkszählungsunterlagen aus dem Jahr 1910 wurde vermerkt, dass im Haushalt von Gottlieb und Luise Kübler in der 149 Walton Avenue in Cleveland noch die beiden Kinder Charles und Hilda leben.

Am 5. Oktober 1882 starb Christians Frau Rosa, am 27. November 1883 heiratete er deren Schwester Maria Traxler, gut vier Monate später, am 9. April 1884, wurde der Sohn Franz geboren. Auch Maria starb jung und zwar am 7. Oktober 1886. Bereits am 24. Januar 1887 heiratete Christian Gollwitzer erneut, diesmal Eva Elisabeth Knaus. Mit ihr hatte er sechs weitere Kinder. Christian starb am 3. Februar 1910.

Auch den Heinrich aus Hildweinsreuth trieb es dann doch noch zur Verwandtschaft nach Cleveland. Nachdem schon 1887 seine Tochter Margarete und 1890 sein Sohn Franz ausgewandert waren, folgte er ihnen mit seiner Frau Karoline und den restlichen drei Kindern im Jahr 1891. Einer seiner Söhne, der 1876 in Flossenbürg geborene Karl, machte später in Cleveland Karriere als Musiker und Kapellmeister.

Ein anderer Karl Gollwitzer, nämlich der Großvater von Friederike, machte auf der Mohrensteinmühle eine ganz andere Karriere: vom Gänsehirt über den Ochsenhirt zum Müller. Seinen Lebensweg von seiner Geburt bis zur beruflichen Selbständigkeit hatte er kurz vor seinem Tod für seine Nachkommen mit Bleistift aufgeschrieben, und Friederikes Vater Wilhelm Benedikt hat das Material mit ihm gemeinsam geordnet und auf einer Schreibmaschine abgetippt, um es wiederum an seine Kinder weiterzugeben. Diese Aufzeichnungen waren es, die bei Friederike die Neugierde in Sachen Ahnenforschung auslösten.

Vergangenheit:

Auf der Mühle – Karl

Als Gänsehirt
Zu Arbeit und Pflichterfüllung wurden wir schon im zarten Kindesalter angehalten. Vom vierten Jahr ab musste ich die Gänse hüten. Wenn die älteren Geschwister nicht für eine andere Arbeit angehalten wurden, dann ging das Hüten ganz schön; aber allein sein, das gefiel mir nicht. Ich unterschätzte diese Tätigkeit, hielt sie wohl für überflüssig und entfernte mich öfter von der Herde. Aber meine Mutter konnte diese Ansicht nicht mit mir teilen; denn die Viecher gingen auf das auf der Wiese zur Bleiche ausgebreitete Leinen, welches, etwa sechzig Zentimeter breit und acht bis zehn Meter lang, selbstgesponnen war und von Tag zu Tag weißer wurde, und setzten ihre grünschwarze Losung ab, die sehr schwer zu entfernen, restlos überhaupt nicht zu beseitigen war.

Karl Gollwitzer 1868-1947

Der wohl begreifliche Ärger und Verdruss meiner Mutter äußerte sich dann meistens, indem sie mich ordentlich tadelte und eine in der Nähe wachsende Weidenrute in Bewegung setzte. Letzteres wirkte allerdings auf mich nachhaltiger. Wie viele Tränen hat doch der Ärger hervorgerufen, wenn Zeit zum Eintreiben war und die Gänse nicht aus dem Bach oder Weiher herausgingen! Es ist begreiflich, dass so ein Untier wegen der verabreichten Schläge manchmal nicht mehr gehen konnte und ich es heimtragen musste. Ich sperrte dann alle miteinander in den Stall. Anderntags waren sie meistens alle wieder mobil. Nicht nur das weiße Leinen zog die Gänse an, sondern auch eine angrenzende Wiese, *Bruckfleck* genannt, die einem Bauern namens Franz in Gailertsreuth gehörte. Es ist ja bekannt, dass eine Wiese, auf der sich Gänse tummeln, degeneriert. Gegen diese Schädigung wehrte sich nun unser verehrlicher Grundnachbar. Wie oft rief mich meine Mutter und fragte ganz bestürzt: »Hast du wohl die Gänse auf die *Bruckfleck* gelassen? Da kommt schon wieder der Franz über die Brücke mit aufgespreizten Fingern!«

Diese Finger bedeuteten meist nichts Gutes.

Bis Ende Juli, Anfang August wuchsen meine Schutzbefohlenen stattlich heran, und so durfte beziehungsweise musste ich sie auf die Getreidekoppel treiben, wo sie einen gedeckten Tisch mit zurückgebliebenen Ähren vorfanden. Wie ergötzte es mich oft, wenn sich auf einer Anhöhe die ganze Herde, dreißig bis vierzig Stück, erhob und, in ziemlicher Höhe fliegend, sich mit lautem Geplätscher auf dem Weiher niederließ! Aber meistens folgte dann wieder der Ärger, wenn sich die Langhälse bei vollem Kropf in dem kühlen Wasser zu wohl fühlten.

Als Kleinvieh- und Kuhhirt
Das Gänsehirtenamt musste ich heranwachsenden Geschwistern abtreten, während ich zum Dienst eines Kuhhirten emporstieg. Diese Tätigkeit war recht eintönig. Einen Tag wie den andern etwa fünfzehn bis achtzehn Stück Kleinvieh auf eine Weide von achtzehn bis zwanzig Tagwerk zu treiben und zu beaufsichtigen war mir viel zu langweilig und geisttötend. Und so ging ich einmal daran, mir in einem Gebüsch eine gemütliche Wohnung zum Schutz gegen Sonne und Regen einzurichten. Ich baute mir auch ein Sofa von dem in der Nähe wachsenden Moos. Als ich ziemlich fertig war, wollte ich noch eine schöne große Moosdecke abheben, um das Kanapee zu vervollständigen. Aber oh Graus! Unter ihr lag eine fürchterlich große Kröte, die nicht von der Stelle ging. Mit einem Schrei des Entsetzens verließ ich sofort die »Wohnung«, ohne sie jemals wieder zu betreten.

Weil es unsere Knechte so schön gefunden haben, auf den Pferden zu reiten, so dachte ich, ich könnte das auch einmal auf einem Rinde probieren. Zu diesem Zweck habe ich mir eine alte, schwerfällige Kuh, die an den Hörnern schon eine Menge Ringe aufwies, auserkoren. (Bei jedem Kalb entsteht am Horn der Kuh ein Ring.) Ich setzte mich auf das Tier und hieb mit einer Rute auf es ein, um den Ritt schneidiger zu gestalten. Aber ich weiß nicht, ist der Kuh die Würde eines Reittiers in den Kopf gestiegen, oder hat die Rute sie gestört, kurz und gut, sie machte auf einmal die tollsten Sprünge, so dass ich in weitem Bogen auf den harten Boden flog. Einige Tage konnte ich nicht richtig gehen. Aber ich musste den Schmerz verbeißen, weil ich doch den Auftrag hatte, das Vieh zu hüten, und nicht, es zu reiten.

Als Ochsenhirt
Trotz mangelhafter Fähigkeiten zum Hüten durfte ich das Amt des Ochsenhirten, das traditionsmäßig kam, nicht überspringen. Während die Gänse und Jungrinder beim Hüten frei herumliefen, mussten die Ochsen, vier bis sechs Stück, an Ketten herumgeführt werden, weil für diese größeren Rinder wegen des größeren Futteranspruchs grasreichere Weiden bestimmt waren. Das waren die Raine und Abhänge, die nicht gemäht werden konnten und die meistens zwischen bebauten Äckern und mähfähigen Wiesen lagen. Die an die Weide angrenzenden Äcker wurden allerdings schwer mitgenommen, teils wegen der ungenügenden Aufsicht, teils weil die Tiere eben stärker waren als ich und sich den Zugang zu dem saftigen Futter gewaltsam erzwangen. Letzteres wollte mein Vater aber nicht gelten lassen.

Andauernd neben den Ochsen zu stehen ohne irgendeine Anregung erschien mir zu stumpfsinnig, so dass ich sie mit Vorliebe am Waldsaum führte, wo es Gelegenheit zum Beerenpflücken gab. Das musste ich neben oder auch hinter den Tieren tun. Einmal, als ich mich hinter den Ochsen nach Erdbeeren bückte, schlug so ein Untier aus und traf mich am Kopf. Ich taumelte ziemlich betäubt beiseite, auch wurde mir etwas übel; aber nach kurzer Zeit schon war ich wieder mobil. Ich habe hier das erste Mal feststellen können, dass mein Kopf nicht von schlechten Eltern stammte.

Mein Schulbesuch in Floß
Dass mir das Hüten ein Gräuel war, habe ich schon geschildert. Zum Glück brach in Püchersreuth, meinem Schulort, eine Kinderkrankheit aus, so dass die Schule geschlossen werden musste. Um im Lernen nicht zurückzubleiben, entschlossen sich meine Eltern, mich nach Floß in die Schule zu schicken. Weil aber Mohrenstein nicht nach Floß zur Schule gehörte, so musste ich mich bei meinem Onkel beziehungsweise meiner Großmutter, dem *Fral*, in Bochsdorf einquartieren. Das war mehr nach meinem Geschmack, denn das lästige Hüten fiel weg, und auch sonst war ich etwas mehr mein eigener Herr.

In Floß ging ich anfangs zum Lehrer Fuhrmann, der weit über hundert Kinder hatte, und später zum Lehrer Lehner. Wegen des beabsichtigten Übertritts in eine höhere Schule bekam ich noch Stunden bei einem Lehrer Harbauer. Der hatte lange blonde, über die Schulter hängende Haare. Ich dachte anfangs, sein Name hänge damit zusammen. Außer mir nahmen noch andere Buben an diesen Vorbereitungsstunden teil.

Der Lehrer setzte uns immer nach den Leistungen. Und so kam ich einmal an die erste Stelle, während ein besonders zimperlicher Mitschüler auf den letzten Platz kam. Dieser machte seinem gekränkten Ehrgefühl durch heftiges Weinen Luft. Deshalb bot ich mich an, mit ihm Platz zu wechseln. Der Lehrer fragte etwas verblüfft, wie ich dazu komme, den Erfolg meines Verdienstes nicht einzustecken. Ich gab ihm zur Antwort: »Man sitzt ja überall auf dem Holz.«

Der Lehrer musste herzlich lachen und sagte: »Du bist ja mein kleiner Herrgott!«

Wir hatten vormittags und nachmittags Schule. Während der Mittagszeit waren wir uns selbst überlassen. Wir vertrieben uns die Zeit mit allerlei Spielen. Der *Paradeplatz* in Floß hatte auf der westlichen Seite eine Mauer, an der die Bretter für die Marktstände aufgestapelt waren. Der Zwischenraum zwischen der Mauer und den Brettern war stark verunreinigt. Wir spielten *Fangerles,* und ich raste auf der Mauer hin, trat daneben und fiel in den übelriechenden Unrat hinein. Während sich meine Schulkameraden vor Lachen wanden, trollte ich mich zum *Röhrenkasten,* um mich, so gut es ging, zu reinigen. Mittlerweile ging auch die Schule wieder an, so dass ich etwas zu spät kam. Nun ja, die Reinigung entsprach eben der eines neunjährigen Buben, und so fing der Lehrer bald an, die Nase zu rümpfen. Die Aborte der damaligen Zeit waren unweit des Schulzimmers, und so wird er wohl angenommen haben, der Geruch komme von dort her. Meine Kameraden aber waren verschwiegen, was ich anerkennend hervorhebe.

Auf meinem Schulweg von Bochsdorf nach Floß vernahm ich hinter Floß ein in geregelten Abständen laut tönendes Krachen und Pochen. Ich dachte oft darüber nach, was das wohl sein konnte. Aber bis ich heimkam, hatte ich wieder vergessen zu fragen. Erst später erfuhr ich, dass das Tosen von dem damals noch im Betrieb befindlichen Hochofen in Plankenhammer herrührte.

Mein Onkel und meine Tante in Bochsdorf waren recht lieb zu mir. Doch die Liebe der Tante hat einmal ein Loch bekommen, und das kam so: Vor dem Anwesen lag ein großer Haufen Steine, die aus den Fluren aufgelesen worden waren und die von den Knechten in freier Zeit klein geschlagen werden mussten. Es war aber nur ein Schlegel da. Da mein um ein Jahr älterer Vetter Wilhelm und ich gleichzeitig klopfen wollten, so entstand ein Geraufe. Mag sein, dass ich etwas unsanft war. Meine sonst so nette Tante machte mir einen fürchterlichen Krach.

Beim Fral in Bochsdorf
Mein *Fral* lebte bei meinem Onkel Michel, ihrem zweiten und jüngsten Sohn, auf dessen Hof im Austrag. Ich musste bei ihr essen und schlafen. Wir teilten uns das einzige Ausnahmstübchen, in dem gekocht und geschlafen wurde. Vielfach war auch mein um zwei Jahre jüngerer Bruder Christian, der Liebling meines *Frals*, anwesend. Meine Großmutter, eben das *Fral*, war ein altes, zusammengerackertes Weiblein. Sie war zu vergleichen mit der Nuss, die den guten Kern in einer rauen Schale hat. Auf ihre einzigen zwei Söhne war sie mit Recht stolz. Sie sprach aber nicht von ihren Söhnen, sondern immer nur von ihren Buben, auch als die schon graue Haare hatten. An uns Enkel hat sie ihre Gunst nicht gleichmäßig verteilt. War bei uns der Christian der Liebling, so war es unter den Buben meines Onkels der älteste Sohn Adam. Diese beiden hatte sie besonders in ihr Herz geschlossen. Mein *Fral* buk vormittags eine Pfanne Dotsch (Kartoffelpuffer), wovon Adam immer ein Stück abbekam. Der jüngere Bruder Hans dagegen sollte leer ausgehen. Der aber schritt zur räuberischen Selbsthilfe. Er schlich sich an, langte unter *Frals* Arm in die Pfanne, riss ein Stück Dotsch los und verschwand, den heißen Dotsch von einer Hand in die andere werfend. Der Dotsch schmeckte immer vortrefflich, obwohl Gründe da waren, sich eher davor zu ekeln. Ich schlief mit dem *Fral* in einem Bett. Des Öfteren hörte ich nachts Kratzen und Scharren.

Das *Fral* wird wegen ihrer Schwerhörigkeit nichts davon gehört haben. Einmal habe ich nun doch gefragt, woher dieser Lärm stamme. Da sagte mein *Fral* ganz gelassen: »Das sind die Mäus in der Dotschpfanne.« Die war an einer den Mäusen leicht zugänglichen Stelle aufbewahrt, auf einem Mäuerlein zwischen dem Ofen und der Wand. Mein *Fral* und ich haben nicht den geringsten Ekel verspürt und den Dotsch aus dieser Pfanne auch künftig mit dem größten Appetit verspeist.

Floß
Floß ist ein sehr schöner Marktflecken an dem gleichnamigen Bach, der im nahen Böhmerwald seine Quelle hat. Die Bewohner sind meist Gewerbetreibende. Fast jedes Haus betrieb früher nebenbei oder hauptsächlich eine Landwirtschaft. Die zur Pfarrei Floß gehörigen sechs Landgemeinden nennt man das *Floßer Amt*. Hier wohnen ausschließlich Bauern, die da verwurzelt sind, wie man es anderwärts kaum in dem Maße kennt. In früheren Zeiten war es eine Seltenheit, wenn einmal ein Bauernsohn oder eine Bauerntochter hinausgeheiratet hat. Auch die Wiegen der Gollwitzer-Ahnen standen im *Floßer Amt*. Es ist deshalb nicht verwunderlich, wenn es da nur Vettern und Basen gab; alles ist da eine Verwandtschaft.

Eine Lockerung des Verwandtschaftsbandes konnte nicht eintreten, weil allsonntäglich beim Kirchgang Zusammenkünfte stattfanden. Die Kirche in Floß, zu der man gehörte, war früher simultan. Der evangelische Gottesdienst begann um sieben Uhr früh und war meistens um acht Uhr schon beendet. Der katholische Gottesdienst fand nachher statt.

Die Floßer Bürger hatten das Recht, Bier zu brauen und auszuschenken. Es traf sich oft, dass jedes fünfte Haus Bier verzapfte. Das wurde durch einen sechseckigen Stern, welcher an einer Stange zu einem Fenster hinausgehängt wurde, angezeigt. Der Bierstern trug in der Mitte meistens das Symbol des Handwerks, welches der Bierzapfer betrieb: eine Breze, einen Ochsenkopf, einen Hobel, ein Hufeisen oder Ähnliches.

Das viele Bier wurde nicht für die Gänse gebraut, es sollte getrunken werden. Und da haben halt die Floßeramter Bauern wacker zugesprochen. Wenn im Winter um acht Uhr früh die Kirche aus war, dann ging's mit Riesenschritten zu den Bierstätten, in denen das Licht noch brannte und die Biertische mit Knackwürsten und Floßer Kipfeln belegt waren. Dann wurden mit gegenseitigem größten Interesse die Erlebnisse der letzten Woche besprochen. Wenn hier das Gespräch ins Stocken kam, nachdem alles an den Mann gebracht war, dann ging's in ein anderes Wirtshaus, und das wiederholte sich so oft, dass der Frühachtuhrgast mit heiterster Laune noch um zwölf Uhr nachts, wohlgemerkt nicht mittags, anzutreffen war.

Hernach dann eine Stunde bei schlechtem Weg nach Mohrenstein zu gehen war nicht gerade ein erbauender Abschluss des Sonntags.

Eine eigentümliche Sitte in Floß war, dass die Biergäste einem neu eintretenden Gast, gewissermaßen als Gruß, das Bierglas hinhoben und ihn zum Trunke einluden, und zwar mit den Worten: »Kann ich aufwarten?«

Dieser machte aber meist keinen Gebrauch und erwiderte: »Es gilt schon.«

Nur ein Gemeindediener von Schlattein namens Krig machte eine Ausnahme. Er ging am Sonntagabend, ohne einen Pfennig ausgegeben zu haben, schwer betrunken nach Hause. Und das machte er so: Er besann sich, was für eine Nachricht er allenfalls einem Glied der eigenen oder einer fremden Gemeinde von seinem Bürgermeister bringen könnte. So suchte er dann nach der Kirche nach der Person, der er überall auswich. Er ging in eine Bierschenke, um nach ihr zu fragen, nachdem er sich zuvor genau versichert hatte, dass diese Person nicht da war. Bei dieser Gelegenheit wurde ihm von jedem Gast mit dem erwähnten »Kann ich aufwarten?« das Bierglas gereicht. Der diensteifrige Beamte machte überall hiervon Gebrauch und trank ausgiebig. Und so ging es, bis er genug an Bier hinter der Binde hatte, von einer Wirtschaft zur anderen.

Vor etwa zweihundert Jahren sind nach Floß Juden eingewandert, die, wie es hieß, aus Neustadt vertrieben worden waren. Sie siedelten sich am östlichen Abhang neben dem Markt an und bauten schöne Häuser, in denen sie ihren Handel, hauptsächlich mit Textilien, betrieben. Es entstand ein weit und breit bekanntes Handelsviertel, das kurzweg der *Judenberg* genannt wurde. Die Bräute der ganzen näheren und weiteren Umgebung, sogar von der Stadt Weiden, tätigten hier ihre Einkäufe zur Aussteuer. Der Bauer hatte in den Juden Abnehmer seiner Produkte. Auch ich lieferte junge Tauben, das Paar zu dreißig bis vierzig Pfennig.

Heute sind in Floß nur noch vereinzelt Juden anzutreffen.

Der Goißbartl
Einen höllischen Respekt hatte ich vor dem *Goißbartl*, den ich aber nie selbst gesehen habe. Er war in Wildenau bei Plößberg geboren und wahrscheinlich auch beheimatet. Nach Erzählungen war er ein Hüne von Gestalt. Er nützte aber seine Körperkraft nicht zu ehrlicher Arbeit, sondern im Geraufe mit Sicherheitsorganen oder anderen, die ihm entgegentraten. Seinen Lebensunterhalt bestritt er durch Diebstahl. Und so stand er wegen dieses Verbrechens immer unter Anklage. Da er sich nie dem Gericht stellte, so wurde eine förmliche Treibjagd auf ihn veranstaltet. Telefon gab es nicht, und so zog er jahrelang in der Gegend umher, immer wieder stehlend, ohne dass man seiner habhaft werden konnte.

Einmal saß er im Wohnzimmer einer Mühle bei Wurz. Plötzlich tauchten Gendarmen auf, denen jemand Bartls Anwesenheit verraten haben mag. Nun, ins Freie durfte er nicht, sonst würden die Beamten schießen. Geistesgegenwärtig sprang er in die Mühle und kroch auf die sich im Gang befindliche Radwelle durch die Maueröffnung in die Wasserradstube. Die Gendarmen stürmten in die Mühle, aber alles Absuchen der Winkel war erfolglos. Der *Goißbartl* war unterdessen schon längst über alle Berge.

Zu uns kam er auch öfter, und zwar hielt er sich da auf der Schneidsäge auf, weil er von dort aus freien Ausblick und nötigenfalls gleich Deckung im nahen Wald hatte. Er wartete, bis er jemand sah. »Der *Goißbartl* is da, sag zum Müller.«

Das war sein Auftrag. Seine Nähe war jedem ein Graus. Denn verriet man ihn bei der Behörde, dann verfiel man seiner Rache. Und tat man es nicht, verstieß man gegen das Gesetz. Und so gab man ihm schließlich ein Stück Brot und Geräuchertes. Er war dann immer gleich verschwunden. Besonders auf die Schafe hatte er es abgesehen. Und da gab ihm der Schafpferch von Wöllershof, der einige hundert Meter von den Wohnungen entfernt war, beste Gelegenheit. Unter hunderten von Tieren haben die Wöllershofer den Abgang einiger Stück erst gar nicht gemerkt. Aber der Verwalter muss mit der Zeit doch darauf gekommen sein, dass da öfter nächtliche Besuche gemacht werden, und zwar wusste er genau, dass nur der *Goißbartl* in Frage kam. Es wurde nun die Stalltür sorgfältig zugesperrt, und auch von seiner Wohnung aus schenkte der Verwalter dem Schafpferch nächtlicherweile eine bessere Aufmerksamkeit. Pfingsten nahte, und der Bartl war um einen Lammbraten zu diesem Fest besorgt. Er ging, wer weiß, wie oft schon, zu dem Schafstall. Aber alles war fest verriegelt. Er machte sich notgedrungen eine Öffnung in das fast bis zum Erdboden reichende Strohdach und kroch hinein. Jetzt war er auf dem Stallboden über den Schafen. Um zu ihnen zu gelangen, kroch er dann durch den Futterschlot in den Stall. Dann riegelte er eine Tür auf, nahm zwei Schafe unter den Arm und ging fort. Aber der Verwalter, Schwemmer hieß er, merkte es und schoss auf ihn. Die Kugel traf den Bartl in den Kopf, und so musste er, die gestohlenen Schafe unter dem Arm, sein Leben enden. Es war der Himmelfahrtstag 1873.

Die Schumänner
In den achtziger Jahren des vorigen Jahrhunderts ließen sich auf der Gemarkung Spielberg, einem Dorf bei Waldthurn, zwei Familien namens Schumann nieder. Woher sie kamen, weiß ich nicht. Sie errichteten sich selbst Wohnstätten, Hütten primitivster Art, in denen sie dann eine Schinderei (Abdeckerei) und einen Hundhandel betrieben. Dieses Gewerbe warf freilich nicht so viel ab, um leben zu können. Der Arbeit gingen die Leute aus dem

Wege, und so zogen sie teils bettelnd, teils stehlend in der Gegend umher. Wohl nahmen sie den Bauern Hunde ab, die wegen Alters, wegen Krankheit oder Bissigkeit unbrauchbar geworden waren, um sie unter vielen Lobpreisungen an andere Bauern wieder zu verkaufen. Unverkäufliche Hunde, so sagten die Leute, verspeisten die Schumänner. Da sie immer drei oder vier Hunde jeder Gattung bei sich führten, so wusste man gleich, wenn man sie sah, wen man vor sich hatte. Bissige Tiere wurden statt an einer Leine einfach an einem Stock geführt, weil sie sich da dem Führer nicht nähern konnten.

Auch mit Hundezüchterei befassten sich die Schumänner. Wir Mohrensteiner kauften ihnen einmal ein junges Tier ab, das sich zu unserem Staunen zu einem prächtigen Neufundländer auswuchs. Solange er klein war und wir mit ihm tollten, hatte unsere Mutter immer zu tun mit Hosenflicken. Er hatte ein seidenartiges schwarzes Fell und einen langen buschigen Schwanz. Das Tier war eine Zierde für unser Anwesen. Dabei war es sehr wachsam und gewandt im Wildfangen. Einem Fuchs und einem Marder hat es im Hofraum den Garaus gemacht. Auch ins Wasser ging es gern. Der Hund ist ziemlich alt geworden und auf unserem Hof gestorben. Die Schumänner werden wohl auch manchen wertvollen Hund entführt haben. Zu diesem Zweck führten sie eine läufige Hündin mit herum, mit der sie dann die besten Hunde zum Mitgehen verleiteten.

Wegen ihrer Diebereien saßen die Schumänner oft im Gefängnis. Jede der beiden Familien hatte einen hoffnungsvollen Sprössling: Franz und Josef.

Die Alten hatten es hauptsächlich auf Hunde abgesehen wie der *Goißbartl* auf die Schafe. Die jungen Schumänner hatten sich die Schweine als Diebesspezialität ausersehen. Fast jede Woche wurde in der dortigen Gegend ein Schweinediebstahl ausgeführt. Eine Pause entstand nur, wenn die Diebe wieder einmal im Gefängnis saßen. Die Väter spionierten auf ihren Streifen Gelegenheiten zum Diebstahl aus, und die Jungen vollführten ihn. Die Bauern glaubten, sich gegen den Diebstahl schützen zu können, wenn sie einen scharfen Hund vor dem Schweinestall anketteten. Aber trotz des wachsamen Hundes wurde gestohlen. Sie bedienten sich auch hier einer läufigen Hündin, mit der sich der pflichtvergessene Wachhund so lange beschäftigte, bis die Schweine in Sicherheit waren. Sie wurden gleich an Ort und Stelle geschlachtet. Ob alle Schweinediebstähle auf das Konto der Schumänner gingen, war allerdings zweifelhaft, denn da der Verdacht immer sofort auf diese fiel, hatten die Nicht-Schumänner leichtes Spiel.

Die Schumänner-Familien wuchsen sich allmählich zu einer Landplage aus. Um in der Gegend wieder Ruhe und Sicherheit herzustellen, griffen die Behörden doch einmal zu drakonischen Mitteln. Josef wurde zu zwölf und Franz, weil er aus dem Untersuchungsgefängnis in

Weiden zweimal ausgebrochen war, zu fünfzehn Jahren Zuchthaus verurteilt. Die Alten wurden in ihre Heimatgemeinde abgeschoben und ihre Siedlungen dem Erdboden gleichgemacht. Dies geschah Anfang der neunziger Jahre. Nach Verbüßung der Strafe haben die zwei jungen Schumänner Arbeit auf einem großen Gut in Sachsen gefunden und sind dort, wie die Leute erfahren haben, recht ordentliche und brauchbare Menschen geworden.

Die Sachsengänger
Jetzt bin ich durch die Schumänner auf die so genannten *Sachsengänger* gestoßen. Infolge der zunehmenden Industrialisierung wurden besonders in den Städten in Sachsen Arbeiter benötigt. So zogen die Gutsarbeiter dorthin, weil der Lebensstandard ein höherer war und weil es den Leuten auch sonst besser zusagte, in der Stadt zu wohnen. Die Sachsen warben auch in der Oberpfalz um Arbeiter männlichen und weiblichen Geschlechts. Zum Leidwesen unserer Bauern zogen dann die bisher tüchtigsten und intelligentesten Knechte und Mägde nach Sachsen. Sie wurden dort besser bezahlt und konnten auch heiraten. Wenn sie nach einigen Jahren wieder einmal in die Heimat kamen, sprachen sie kein Wort mehr Oberpfälzisch, sondern echten sächsischen Dialekt. Manche Bauern haben damals aus Ärger über die Leutenot ihren Hof verkauft.

**Der Tod des Vaters
(Adam Gollwitzer, 1828-1879)**
Etwas Unheimliches war es für mich zu hören, dass da und dort eine große Person oder ein Kind gestorben ist, vielleicht gar ein lieber Verwandter. Die Neugierde trieb mich auch manchmal eine Leiche anzusehen. Der Eindruck auf mich war immer sehr stark, doch ich tröstete mich, denn in Mohrenstein war von den immerhin fünfzehn oder sechzehn Personen noch niemand gestorben. Das brachte mich auf die Meinung, dass die Leute in Mohrenstein überhaupt nicht sterben müssen. Diese kindliche Meinung sollte aber einer furchtbar traurigen Erfahrung weichen.

Am 14. September 1879, es war ein Sonntag, fuhr mein Vater nach Floß zur Kirche. Nachmittags ließ er die Pferde zum Zeitvertreib auf die Wiese. Mein jüngerer Bruder Gottlieb war mit dem Vater. Die gebotene Freiheit machte die Pferde übermütig. Besonders das jüngere machte die tollsten Kreuz- und Quersprünge, zum Ergötzen unseres Vaters. Er näherte sich dem Pferde, um es zu fangen, unbegreiflicherweise von hinten. Es schlug aus und traf seinen Herrn in den Unterleib. Nun war das Unglück geschehen. Der einzige Zeuge bei dem Vorgang, mein Bruder Gottlieb, lief gleich nach dem Haus, um es zu sagen. Unter der größten Bestürzung wurde dann mein Vater zu Bett gebracht.

Zur selben Zeit waren wir anderen Buben beim Viehhüten auf der Weide. Mein Bruder Hans war auf dem Lehrerseminar in Bamberg. Er hatte uns jüngeren Brüdern während seiner Ferienzeit einige Kenntnisse im Singen nach Noten beigebracht. Wir waren eben im schönsten Singen, da wurde uns von dem Unglück gesagt. Wenn wir auch die Folgen noch nicht übersehen konnten, so war es doch schrecklich für uns, den Vater auf seinem Schmerzenslager zu sehen. Der sofort herbeigerufene Arzt von Floß hatte keine große Hoffnung auf Rettung geben können. Er hat dann gleich einen fachkundigen Pfleger und Krankenwärter in der Person des Baders Wilhelm Lang von Floß geschickt. Begreiflicherweise hörte mein Vater Verwünschungen für das Pferd, das unverzüglich aus dem Haus müsse. Er war streng, aber er hatte ein ausgeprägtes Gerechtigkeitsgefühl. Er schilderte daher den Vorgang und schob die Schuld einzig und allein auf sich, weil er sich dem Tiere von hinten habe nähern wollen. Dem Pferde solle nichts nachgetragen werden, auch solle es nicht fortgeschafft werden.

Aus meinem Studium wurde nun nichts, weil meine kranke Mutter nicht auch noch diese Sorgen und Kosten auf sich nehmen konnte.

Berufswahl
Der Plan meiner Eltern, mich studieren zu lassen, war nach dem raschen Ableben des Vaters gescheitert. Mein Bruder Adam erlernte das Bäckerhandwerk und mein Bruder Christian das Metzgerhandwerk. Ich fand an keinem Beruf größeren Gefallen als an der Müllerei.

Das muntere Getriebe des Räderwerkes und das Rauschen des Wassers waren das, was mir am meisten zusagte. Das Gewerbe stand auch in hohem Ansehen, wenn ich auch später einmal in einem Aufsatz über die Zünfte las, dass die Müllerei von den Zünften ausgeschlossen war, weil sie als unehrliches Gewerbe galt. Es wurde den Müllern sogar verboten, Vieh zu halten. Wahrscheinlich glaubten die engherzigen Menschen, die Müller würden es mit fremdem Getreide füttern. Ich wanderte in die elterliche Mühle, die ich dann, als ich einigermaßen erwachsen war, ganz selbständig betrieb. Was mir an Kraft fehlte, das musste der Vorteil für die Arbeit ersetzen. Die Ansprüche an meinen jugendlichen Körper waren sehr groß, denn es galt nicht nur, schwere Arbeit zu leisten, sondern auch die nötige Nachtruhe kam nicht zu ihrem Recht, wegen des Betriebes auch während der Nacht. Wie oft habe ich die anderen Hausgenossen um ihren ungestörten Schlaf beneidet!

Das Misslichste war, dass man das Getreide von der Kundschaft mit dem Fuhrwerk holen musste. Diese Unsitte bestand nur in der Oberpfalz, wie ich später erfuhr. Einmal ging der Wagen über mich hinweg. Nur dem Umstand, dass das hintere Rad über meine Brust ging und dass der Wagen nicht schwer beladen war, hatte ich meine Rettung zu verdanken. Einige Rippen aber waren gebogen. Ich glaubte nicht, dass man so lange, ohne Atem zu holen, leben kann.

Die Bauernkundschaft war nicht viel wert, weil sie zu der damaligen Zeit kein gutes Getreide mahlen ließ. Höchstens mit dem Weizen konnte man etwas anfangen. Dagegen war die Bäckerkundschaft sehr begehrt. Der Mahllohn bestand in der Wegnahme eines bestimmten Prozentsatzes vom Mahlgut. Von den großen Kunstmühlen wusste man noch nichts. Aber allmählich versuchten diese Kunstmühlen ihr Mehl, das so genannte *Dampfmehl*, direkt an die Bäcker abzusetzen. Für diese war das allerdings einfacher, weil sie nicht vorher Getreide zu kaufen brauchten. Nicht genug, damit errichteten diese Mühlen auch Niederlagen bei den Händlern, und diese setzten das Mehl wieder bei den Haushaltungen ab. Vielfach verkaufte auch der Bauer das Mehl und verkaufte den Weizen. Dass dadurch das Müllerhandwerk empfindlich geschädigt wurde, liegt auf der Hand; denn die Weizenmüllerei wurde fast ganz ausgeschaltet. Wie viele altehrwürdige Gewerbezweige waren durch die Fabriken zum Aussterben verurteilt! Und so, dachte ich, wird es auch mit der Müllerei gehen. Zu dieser Zeit starb in Hamburg mein Onkel, der Bruder meiner Mutter. Seine Angehörigen hätten zu gerne einmal seine Heimat gesehen. Und so kamen im Jahre 1894 meine Tante und ihre Tochter mit deren Söhnchen zu uns. Ich ging dann mit ihnen nach Hamburg und arbeitete dort in einer Kunstmühle, teils in der Mühle selbst, teils im Kontor. Das war aber alles andere als eine selbständige Existenz, wie ich sie mir wünschte. Es ist auffallend, dass die Gollwitzer-Sippe zu einem großen Teil selbständig ist und sesshaft. Und der Drang nach Selbständigkeit trat auch bei mir lebhaft in Erscheinung. Mein verstorbener Onkel und auch dessen Schwiegersohn waren Kaufleute. Letztere gaben mir dankenswerterweise Anleitung zum kaufmännischen Beruf. Da reifte in mir der Gedanke, ein Geschäft anzufangen. Ich kaufte mir ein Buch »Der geschulte Kaufmann« und erlernte daraus, was ich zu meinem Unternehmen brauchte. Am 1. Dezember 1896 eröffnete ich in Weiden ein Mehl- und Kolonialwarengeschäft, verlegte es 1897 in ein von mir erworbenes Haus in der Sedanstraße und betrieb es bis zum Jahr 1923.

Gegenwart:

Mohrenstein im Winter

Nun forschten Friederike und Arno schon das dritte Jahr auf der Spur der Ahnen, und sie fuhren erneut nach Mohrenstein. Doch diesmal im Winter, und die Oberpfalz gilt auch im Zeitalter fortschreitender Erderwärmung als schneesicher. Dementsprechend wurde das Auto präpariert und auch mit zusätzlichen Decken und Proviant für eventuelle Staus ausgestattet.

Die beiden standen dann aber nicht im zivilisationsbedingten Stau, sondern verirrten sich ganz altmodisch und strandeten in der Wildnis. Und das kam so:

Friederike wollte unbedingt noch in einem abgelegenen Weiler vorbeischauen, der in der Familienchronik mehrfach Erwähnung fand. Sie entdeckten nach einigem Suchen auch eine kleine Ansammlung von Häusern, die laut Schild der gesuchte Ort sein sollte, doch war dieser auf mehrfache Weise entrückt. Die drei Höfe waren trutzig eingezäunt, der Schnee schirmte sie himmelwärts ab, und die Kälte und das neblige Grau sperrten wohl die Bewohner in den Häusern ein, kurzum Friederike und Arno wähnten sich in einem Geisterdorf. Doch wie jetzt von A nach B kommen, von hier nach Mohrenstein? Das Zeitalter der Navigationsgeräte war noch nicht angebrochen, dafür waren die zur Verfügung stehenden Landkarten umso älter.

Gleich hinter dem Weiler entdeckten sie eine schnurgerade schmale Straße, die in den Wald führte, in dem sie die Mühle vermuteten.

Wenn man ein allradgetriebenes Fahrzeug hat, wächst der Mut, auch ungewohnte Wege zu befahren. So steuerte Friederike auf einem kurzen Feldweg zwischen zwei verschneiten

Äckern die verheißungsvolle Fahrbahn an. Auf dieser zeigten sich im frischen Schnee nur die Spuren eines Zweirads und ab und zu die Abdrücke von Rehhufen. Die gut befahrbare Straße führte in einen dunklen Nadelwald, links und rechts fiel sie steil ab, und es gab keine einzige Ausweichmöglichkeit, falls ein Fahrzeug entgegenkommen würde. Plötzlich blockierte eine umgestürzte Fichte die Strecke. Arno stieg aus, um die Lage zu erkunden, doch schnell musste er feststellen: Sie waren chancenlos. Der Baum war zu gewaltig, und man hätte mehrere Leute mit Motorsägen gebraucht, um das Hindernis zu beseitigen. Und nun kam das nächste Problem: Der Weg war viel zu schmal zum Wenden. In ihrer Not rief Arno mit seinem Handy in Mohrenstein an und berichtete von ihrer schwierigen Situation. Nach einigem Nachfragen erkannte Rainer Radies, wo sich seine bereits überfälligen Besucher überhaupt befanden, und er lachte erst einmal herzlich, bevor er feststellte: »Ihr seid auf der alten Eisenbahntrasse. Die ist jetzt ein Fahrradweg, der in die Tschechei führt.«

Dann versprach er, den beiden sofort zu Hilfe zu kommen.

Da standen nun Friederike und Arno, gestrandet auf einem ehemaligen Bahndamm mitten im Oberpfälzer Wald, unweit der böhmischen Grenze, im leichten Schneefall im grauen Nebel.

Mit Galgenhumor stimmte Friederike ein altes Lied an: »An der böhmischen Grenz hat's an Fuhrmann verwaht ...«

»Die Ausrüstung mit Decken und Thermoskanne war auf jeden Fall richtig«, lobte Arno die vorausschauende Fürsorge seiner Freundin. »Aber ich hoffe, das Mohrensteiner Berg- und Waldwacht-Rettungs-Kommando erreicht uns, bevor wir an die Reserven gehen müssen.«

Kurz darauf traf Rainer ein, begrüßte die Verirrten und fragte lachend, wie in aller Welt sie es geschafft hätten, auf den Radweg zu kommen, denn eigentlich sei dies gar nicht möglich.

Friederikes Befürchtung, auf dem schmalen Weg eine lange Strecke rückwärts fahren zu müssen, bewahrheitete sich. Auf der Fahrt zu den Gestrandeten hatte Rainer schon Ausschau gehalten, wo es eine Wendemöglichkeit gab. Die nächste war vor einer eisernen Brücke, etwa einen Kilometer vom jetzigen Standort entfernt. Es wurde der längste Kilometer, den Friederike jemals mit dem Auto gefahren war. Doch damit war der Schrecken noch nicht zu Ende. Rainer stellte fest: »Ihr habt ja auch einen Allrader, das ist gut«, und forderte sie auf: »Fahrt mir einfach hinterher!«

Nun begann mit eingeschalteten Scheinwerfern eine wilde Verfolgungsjagd durch den dunklen Wald, immer steil bergab, ohne Weg und Steg in atemberaubenden Kurven.

Friederike lachte und juchzte wie bei einer Achterbahnfahrt, und Arno hielt sich mit beiden Händen fest, um nicht gegen die Karosserie geschleudert zu werden. Endlich erreichten sie Mohrenstein – allerdings diesmal von der steilen Waldseite jenseits des Floßbachs her!

Rainers Frau Lisbeth ergriff lebensrettende Sofortmaßnahmen in Form von heißem Kaffee, frisch gebackenem Kuchen, dick belegten Bauernbroten mit selbst geräucherten Würsten und Schinken.

Beim gemeinsamen Essen, Trinken und Lachen kehrten die Lebensgeister der Ahnenforscher zurück, und in der Erinnerung wurde aus dem absurden Missgeschick eine Geschichte, die man gerne erzählt – wenn man warm und trocken sitzt.

Dieses Mal hatte Friederike ein außergewöhnliches Geschenk für die Mohrensteiner dabei: eine Fotografie der sechs Söhne von Adam Gollwitzer, dem gemeinsamen Vorfahren.

Nach dem Kaffeetrinken fragte Friederike, ob sie das alte, 1910 erbaute und schon lange nicht mehr genutzte Wohnhaus besichtigen durften. Natürlich durften sie.

Von links stehend: Karl (19.05.1868 - 12.03.1947, Müller auf Mohrenstein, Friederikes Großvater), Christian (04.06.1870 - 13.04.1922), Gottlieb (04.10.1874 - 17.04.1937). Von links sitzend: Michel (23.11.1855 - 30.05.1917, Hoferbe, Großvater von Wilhelmine und Urgroßvater von Rainer Radies), Hans (02.03.1862 - 31.12.1947), Adam (26.04.1866 - 23.11.1955).
Foto aufgenommen ca. 1888.

Ein Blumenkasten versperrte inzwischen den Eingang, und sie betraten das Innere über die Stalltür. Es war eine Reise in die Vergangenheit, bei der sie Rainers Jagdhund ständig begleitete. Die Zeit war hier stehengeblieben. Alte Bettgestelle mit klammen Federbetten, windschiefe Nachtkästchen, ein gerahmter Konfirmationsspruch an der Wand, ein Wohnzimmerbuffet aus der Kaiserzeit. In einer Schublade Besteck mit schwarzen Holzgriffen, vom gleichen Typ, wie es Friederikes Vaters »mit in die Ehe gebracht« hatte.

Doch so interessant das Stöbern in dem alten Haus war, so sehr begannen sie zu frieren. »Vielleicht schauen wir besser im Sommer wieder hier rein«, meinte Friederike und beendete die kleine Expedition in die Vergangenheit.

Vergangenheit:

Heimat Mohrenstein

Klage in der Gollwitzer-Chronik von 1929:
So kam das Jahr 1910. Da loderten am 1. November dort hinter dem Schuppen kleine Flämmlein auf. Wie freut sich der Hüterbub des wärmenden Feuerleins, das er sich an dem naßkalten, nebligen Nachmittag angezündet hat! Doch die tückischen Flammenzünglein sind nicht so harmlos wie der arme Hirtenknabe! Schreckensbleich flüchtet der Junge von dannen. Wie der Mond über die schwarzen Fichten ins stille Waldtal hereinlugt, den Reigen zu tanzen mit den silbernen Wassertropfen am Mühlrad, da sind sie verschwunden, seine munteren Gespielen; graue Mauern starren zum Himmel, schwelender, beißender Rauch steigt dort auf, wo die Scheune gestanden, das Vieh irrt brüllend durch die Wälder, Hausrat liegt verschmutzt, zertreten umher, und gar manches Stück wandert, von frecher Diebeshand getragen, aus dem stillen Waldtal fort. Nichts bleibt übrig von dem stolzen Gehöft; bettelarm steht der Besitzer vor dem Grauen; es war nichts versichert.

Michel, seit Karls Weggang von Mohrenstein Bauer und Müller in Personalunion, stand vor dem Nichts. Als einziger Trost blieb ihm, dass keine Menschen zu Schaden gekommen waren und das Vieh gerettet werden konnte. Mit viel Eigenleistung und Nachbarschaftshilfe entstand Mohrenstein neu. Die Mühle selbst wurde ohne Schneidsäge und Wohnbereich neu gebaut, lediglich zwei Stuben boten den Müllerburschen eine Unterkunft. Den Platz des romantischen »Schlössles« nahm nun ein schlichtes Wohnhaus mit Stall ein. Mit Fleiß und Zähigkeit schafften es die Mohrensteiner binnen Kurzem ein neues Gehöft aufzubauen.

Nur vier Jahre später brach ein anderes Feuer aus, eines, das mit den Schüssen von Sarajevo ganz Europa in Brand setzte: der 1. Weltkrieg. Die patriotische Begeisterung schwappte bis in die entlegensten Teile des Reiches, und so bestieg auch Hans, der Hoferbe von Mohrenstein, den Zug in Floß, um zu den Fahnen zu eilen. Dreimal wurde er verwundet, damals im Westen, wo es nichts Neues gab, außer dem täglichen Tod. Splitter und Kugeln in Kiefer, Ellbogen und Bein waren jedoch nicht Grund genug, um heimkehren zu dürfen in die Oberpfalz. Da musste erst 1917 der Vater Michel sterben, damit Hans die Schlachtfelder verlassen durfte.

Der knapp dreißigjährige Bauer ahnte nicht, dass er die Schützengräben gegen ein Minenfeld getauscht hatte, einen Erbstreit, der bis 1933 andauern sollte. Erst Hitlers Erbhofgesetz beendete die Auseinandersetzungen, aber das auch nur in juristischer Hinsicht. Auf der persönlichen Ebene blieben die aufgerissenen Gräben bis zum Tod der Beteiligten unüberbrückbar.

Der Streit trieb seltsame Blüten. So erstritt die ältere Schwester Frida gerichtlich das lebenslange Recht auf Wohnung und Kost in Mohrenstein. Um nicht über den Hof gehen zu müssen, ließ sie an der Rückseite des Hauses im ersten Stock von ihrer Wohnung aus einen eisernen Steg direkt zum Weg bauen. So konnte sie das Haus unbeobachtet verlassen und betreten. Bei den Mahlzeiten saß sie mit am Tisch, doch jahrein, jahraus wechselten Hans und Frida kein Wort miteinander. Auch die jüngere Schwester Lotte machte dem Bauern jahrzehntelang Schwierigkeiten. Sie hatte nach Schönberg auf den Zollberghof geheiratet, wollte aber aus Mohrenstein herauspressen, was nur ging. Sie forderte achttausend Goldmark Abfindung in einer

Zeit, in der eine Kuh siebzig kostete. Heimlich ließ sie gemeinsam mit Frida zwanzig Tagwerk gutes Holz schlagen und drangsalierte Hans, wo immer sie eine Möglichkeit dazu sah.

An der Stelle der ehemaligen Schneidmühle errichtete man 1920 ein Kraftwerk. Das brachte zusätzliche Einnahmen und für Mohrenstein laut Vertrag kostenlosen Strom, solange der Hof bewohnt wurde. Der Kraftwerksverwalter lebte mit seiner Familie ebenfalls im engen Tal, gleich neben Mühle und Bauernhof.

Eines Tages war Hans beim Mähen. Auf der Nachbarwiese mähte Erhard Krapf, ein Schwager seiner Schwester Lotte, mit dem sich der Mohrensteiner gut verstand. Nachdem die beiden Männer eine Zeit lang die Sense geschwungen hatten, machten sie gemeinsam Brotzeit. Unvermittelt platzte es aus Erhard heraus: »Die Frida ist schon ein großes Luder. Wie sie bei uns mit eurem Heiner auf dem Zollberg war, hat sie genauso Unfrieden gestiftet wie jetzt wieder auf Mohrenstein.«

»Ich weiß nicht, wofür Gott mich straft, dass ich Tag für Tag ihr Gesicht an meinem Tisch anschauen muss«, seufzte Hans. »Der Heiner arbeitet wenigstens auf dem Hof mit und ist auch sonst ganz umgänglich. Aber die Frida macht keinen einzigen Handstrich, nicht einmal in der Erntezeit, wenn wir vor lauter Arbeit kaum zum Schlafen kommen.«

»Wenn's ums Geld geht, hört die Freundschaft auf«, meinte Erhard.

»Ich mag über meine Geschwister nimmer nachdenken und nehm's, wie's kommt. Ich will mich nicht mehr ärgern. Aber mich drücken andere Sorgen.«

»Was ist los? Hast du Geldprobleme?«

»Nein, finanziell ist alles solide. Aber jetzt, wo meine Amalie schwanger ist und wir uns so auf das Kind freuen, holen mich dauernd dunkle Gedanken ein. Weißt du eigentlich, dass auf

Mohrenstein in jeder Generation ein Kind im Floßbach ertrunken ist?«

»Nein! Das ist ja furchtbar!«, rief Erhard.

»Von meinem Vater die Schwester Albine ist als Kleine in den Bach gefallen und ertrunken und mein jüngerer Bruder Fritz auch. Das war kurz vor seiner Einschulung im 1899er Jahr. In jeder Generation ein Kind! Als wäre es eine furchtbare Gewissheit.«

»Da wohnt bestimmt eine Wasserfrau im Mohrensteiner Mühlbach«, sagte Erhard ernst. »Wasserfrauen können hilfreich sein, aber auch sehr grausam. Bei denen hat alles seinen Preis. Eine Wasserfrau hilft, dass es den Leuten auf einer Mühle gut geht, aber sie will auch ihren Teil als Lohn. Und der ist sicher nicht in Korn bemessen!«

»Jag mir keinen Schrecken ein, Erhard! Wie soll ich denn dieses Unglück bloß abwenden?«

»Die Wasserfrau will Gesellschaft in ihrem nassen Reich, und dafür taugen ihr Kindlein am besten. Aber vielleicht lässt sie sich ja auch mit einem lieben jungen Tierlein als Gespiel besänftigen? Ich hab davon schon gehört, von einer anderen Mühle.«

Hans dachte kurz nach, dann machte er eine fahrige Bewegung, als wolle er die dunklen Gedanken verscheuchen, und nahm hastig seine Sense. »Da liegt noch viel Arbeit vor uns.«

Am Abend des 12. September 1927 setzten bei Amalie Gollwitzer in Mohrenstein die Wehen ein. Eilig holte man die Hebamme aus Püchersreuth, und die Mägde bereiteten alles für die Geburt vor.

Hans saß allein in der Stube, und seine Gedanken rasten. In den letzten Wochen war er oft nachts aufgestanden und zum Mühlbach gegangen. Wie gebannt hatte er stundenlang nach einem Zeichen suchend ins mondbeschienene Wasser gestarrt. Doch er bekam keine Antwort. Er spürte, dass der Bach, die

Lebensader von Mohrenstein, sein Glück bedrohte. Er wollte, er musste sein Kind beschützen. Sein Kind, das gerade jetzt dort drüben in der Kammer zur Welt kam. Er stand auf und ging wild entschlossen in den Schafstall. Nach kurzem Zögern ergriff Hans ein wenige Tage altes Lämmlein und ging mit ihm hinaus in die Dämmerung. Am Bach angekommen, drückte er es noch einmal fest an seine Brust und flüsterte: »Es tut mir leid. Es ist für mein Kind. Ich danke dir.« Dann zog er mit der rechten Hand seinen Hirschfänger, packte das Tier mit seiner Linken im Genick, drückte es unter Wasser und schnitt ihm die Kehle durch. Das Lämmlein machte keinen Mucks, nur dunkle Schlieren flossen aus seinem Hals und verschwanden zwischen den Steinen.

Hans wusste nicht, wie lange er schon am Floßbach kniete, als er ein Rufen hörte: »Bauer, komm! Du bist Vater geworden! Es ist ein gesundes Mädchen!«

Wilhelmine, genannt Minna, wurde nicht von der Wasserfrau geholt. Sie blieb das einzige Kind von Hans und gebar Rainer, den nächsten Hoferben von Mohrenstein. Nach einem erfüllten Leben starb sie mit fast achtzig Jahren. Oft dachte Minna zurück an ihren Spielkameraden aus Kindertagen, den Heinerl, den Heinrich Diepold, den Sohn des Kraftwerksverwalters. Heinerl war im Mühlbach von Mohrenstein ertrunken.

Jede Generation ein Kind …

Gegenwart:

Ein Tabu und eine Briefmarke

»Deine Familie treibt mich in den Wahnsinn!«, stöhnte Arno. »Wo liegt das Problem?«, fragte Friederike neugierig. Sie mochte es, wenn ihr Freund versuchte, mit der alten Gollwitzer-Chronik und zahllosen Zetteln Verwandtschaftsverhältnisse zu entschlüsseln und Querverbindungen herzustellen.

»Die Wurzel des Problems ist dein Ururgroßvater. Genauer zwei seiner Söhne, von denen einer dein Urgroßvater ist.«

»Klingt spannend, erzähl doch!«

»Es war einmal ein gewisser Georg Erhard Gollwitzer aus Grafenreuth. Er hatte viele Kinder. Zu ihnen gehörten der Johann Gollwitzer und der Wolff Barthel Gollwitzer. Letzterer heiratete eine Eva Margarethe Gollwitzer aus Höfen, die aber früh verstarb. Deshalb heiratete er wieder, und zwar eine gewisse Anna Margarethe Bäumler aus Schlattein. Sein älterer Bruder hatte ein paar Jahre vorher schon eine andere Anna Margarethe Bäumler aus Schlattein geheiratet, die wir besser unter dem Spitznamen *Fral* kennen. Jeder der beiden hatte dann auch noch einen Sohn namens Johann Adam. Der eine war »dein« Adam, dem das *Fral* Mohrenstein gekauft hatte und der von seinem Lieblingspferd erschlagen wurde. Doch wie soll man in diesem Labyrinth noch durchblicken? Diese ständige Namensgleichheit auf kleinstem Raum treibt mich in den Wahnsinn! Es ist ja nicht so, dass in Dörfern wie Schlattein, Höfen oder Grafenreuth besonders viele Menschen gelebt haben. Das bringt mich zu dem Schluss, dass die Leute verdammt wenig Fantasie in der Namensgebung hatten. Und miteinander verwandt waren sowieso alle.«

»Und was will mein Forscher mir damit eigentlich sagen?«

»Dass du mit dem Herrn auf dieser schwedischen Briefmarke, die jemand in die Chronik geklebt hat, verwandt bist. Auf dieser Marke ist Johannes Stark abgebildet, Nobelpreisträger für Physik 1919. Er war der Sohn einer Schwester der beiden Gollwitzer mit einer Vorliebe für Frauen aus Schlattein. Diese Schwester hieß Marie Margarethe Gollwitzer und hat einen Herrn namens Stark geheiratet, der auf dem ›Schönhof‹ saß. Deshalb nannten alle Gollwitzer fortan die Marie Margarethe nur noch *Schönhofbas*.

Ein Sohn aus dieser Ehe war der spätere Physiknobelpreisträger Johannes Stark, und er gehörte zur gleichen Generation wie dein Opa Karl. Die Großväter der beiden waren Brüder!«

Friederike erinnerte sich. Sie war dabei gewesen, als ihr Vater Wilhelm Benedikt diese Briefmarke 1979 in die Chronik geklebt hatte. Es war eine merkwürdige Stimmung, nicht feierlich, aber doch wie eine kleine Zeremonie. Sehr bewusst platzierte er die Marke in die untere rechte Ecke der Seite, auf der eine Fußnote über Johannes Stark stand. Doch Friederike lebte damals in einer ganz anderen Welt, die hauptsächlich aus Tönen bestand. Unbekannte Verwandte interessierten sie nicht, selbst wenn sie Nobelpreisträger waren. Vielleicht wäre ihre Neugier geweckt worden, wenn ihr der Vater etwas über den Mann erzählt hätte, doch er schwieg. Ein Familien-Tabu musste noch viele Jahre warten, bis es endlich gebrochen wurde.

Vergangenheit:

Eine Reise nach Schweden

(Juni 1920)

Im Fährhafen von Saßnitz auf der Insel Rügen trafen sich fünf honorige Herren, die Mehrzahl von ihnen in Damenbegleitung. Alle fünf Männer hatten das gleiche Ziel: Stockholm. Wohl kaum einer der Mitreisenden ahnte, dass er sich in Gesellschaft der Elite der deutschen Wissenschaft befand, denn die fünf, die sich dort zur gemeinsamen Reise verabredet hatten, waren alle Nobelpreisträger:

Max von Laue (Physik 1914), Richard Willstätter (Chemie 1915), Fritz Haber (Chemie 1918), Max Planck (Physik 1918) und Johannes Stark (Physik 1919). Aufgrund des Weltkriegs waren die Nobelpreisverleihungen ausgesetzt und von den maßgeblichen Stockholmer Stellen auf den Frühsommer 1920 verlegt worden. Nun reiste man gemeinsam auf der »Königslinie« nach Schweden, um mit der höchsten wissenschaftlichen Auszeichnung geehrt zu werden.

Die vierstündige Dampferfahrt verbrachte man bei ruhiger See und Sonnenschein in angeregter Unterhaltung auf dem Deck. Wobei die Unterhaltung der Männerrunde in erster Linie von Haber bestritten wurde, der sich immer wieder nervös umsah und jeden argwöhnisch musterte, der sich in der Nähe der Reisegruppe aufhielt.

»Die Briten und Amerikaner haben mich auf die Liste der Kriegsverbrecher gesetzt. Deshalb habe ich mir auch diesen abscheulichen Bart stehen lassen, damit man mich nicht gleich erkennt. Die Welt ist schon verrückt – die einen ehren mich mit dem Nobelpreis, und die anderen wollen mich an den Galgen bringen.«

»Der Einsatz von Giftgas verstößt ja wohl eindeutig gegen die Haager Landkriegsordnung«, wandte Willstätter ein. »Und Sie können nicht leugnen, dass Sie bei der Entwicklung und der industriellen Herstellung federführend waren. Ohne Sie hätte es nie einen Großeinsatz dieser furchtbaren Waffen gegeben!«

»Die Franzosen haben damit angefangen. Zwar völlig dilettantisch mit giftgefüllten Gewehrpatronen, aber Giftgas ist Giftgas.«

»Haben Sie jemals solch ein Opfer gesehen, Haber?«, fragte von Laue betroffen.

»Ich bin selbst ein Opfer!«, erwiderte Haber schrill und erschrak über seine eigene Lautstärke. Paranoid sah er nach links und rechts, bevor er mit gesenkter Stimme fortfuhr: »Meine erste Frau war Chemikerin und von Anfang an gegen meine Forschungen. Wenige Tage nach dem deutschen Giftgas-Einsatz bei Ypern hat sie sich mit meiner Dienstwaffe erschossen.«

»Das ist bedauerlich, mein Beileid«, sagte Planck.

»Danke. Ich bin inzwischen wieder verheiratet«, erwiderte Haber und sah in Richtung einer kleinen, auffällig gekleideten Frau, die an Deck promenierte. »Ich bin nach wie vor überzeugt, dass meine Entwicklungen dazu in der Lage sind, Menschenleben zu retten, weil man auf diese Weise Kriege schneller beenden kann.«

»Sicher, wenn alle vergast sind, bleibt keiner mehr, um zu kämpfen, und der Krieg ist vorbei. Sie sind krank, Haber!«, empörte sich Willstätter und fuhr aus seinem Liegestuhl. Wütend ging er zur Reling und suchte einen imaginären Punkt am Horizont, zu dem er seinen Zorn schicken konnte.

Doch Haber verteidigte weiter seinen Standpunkt: »Ohne das Haber-Bosch-Verfahren in der Düngemittelproduktion wäre doch die Ernährung der Menschheit gar nicht mehr möglich!«

»Man darf sich durch die antiwissenschaftliche Propaganda nicht aus dem Konzept bringen lassen. Meine Devise lautet: Durchhalten und weiterarbeiten!«, ergriff Planck Habers Partei, der sofort Oberwasser bekam. »Ich habe die Schädlingsbekämpfung auf ein ganz neues Niveau gebracht! Ohne unsere Experimente und Entwicklungen zur Entwesung von Unterkünften wären die deutschen Soldaten doch vom Ungeziefer aufgefressen worden. Und es geht weiter – mein früherer Assistent Flury hat mit Zyklon A gerade einen äußerst effektiven Wirkstoff zum Patent angemeldet.«

Johannes Stark hatte aufmerksam zugehört und kam zu dem Schluss, dass Haber ein Naturforscher nach seiner Façon war: *Absolut praktisch orientiert und nicht so ein theoretischer Schwadronierer wie Einstein,* dachte er. *Für einen konvertierten Juden ziemlich brauchbar. Nur furchtbar geschwätzig.*

* * *

Gegen Abend kam die Gruppe der noblen Herren mit ihren Damen in Trelleborg an und bestieg den Nachtschnellzug nach Stockholm, welches man am Vormittag erreichte. Dort logierten die Gäste im prächtigen Grand Hotel am Mälarsee, gegenüber dem königlichen Schloss und dem Reichstagsgebäude. Ein Vertreter des Nobelpreiskomitees bereitete die fünf Wissenschaftler auf die Feierlichkeiten am nächsten Tag vor. Die Verleihungszeremonie fand nach Fachgebieten getrennt statt, so dass die deutschen Physiker von Laue, Planck und Stark zusammen mit dem Engländer Charles Grover Barkla geehrt wurden, der den Preis für 1917 erhielt. Leider konnte der schwedische König wegen einer Unpässlichkeit nicht teilnehmen, was den Feierlichkeiten aber keinen Abbruch tat. Max Planck hielt die Dankesrede für die drei deutschen Wissenschaftler. Beim abendlichen Empfang mit feudalem Buffet war der Monarch dann zugegen und wechselte mit allen Geehrten freundliche Worte.

Am folgenden Tag lud der deutsche Gesandte von Nadolny dann »seine« Nobelpreisträger zu einem opulenten Mahl in die Botschaft. Max Planck und Fritz Haber nutzten den Empfang für intensive Gespräche. Dabei beschlossen sie, eine »Notgemeinschaft der deutschen Wissenschaft« zu gründen, um die notleidende Forschung zu unterstützen. Planck verfügte über ausgezeichnete ausländische Kontakte und hoffte so, entsprechende Mittel dafür aufzutreiben.

Johannes Stark tauschte sich ebenfalls mit Haber aus. Dieser erzählte ihm von seinen Versuchen, aus Meerwasser Gold zu gewinnen, um mit diesem die deutschen Reparationen zu bezahlen. Der Chemiker äußerte sich zuversichtlich, schon bald ein entsprechendes Verfahren entwickeln zu können.

Nach einer großen Hapag-Schiffsexpedition 1923 und sechs Jahren unendlicher Mühen sollte Haber dieses Unterfangen aber frustriert aufgeben. Bei Johannes Stark setzte sich Habers Idee allerdings fest, und so versuchte der Oberpfälzer in den 1930er Jahren Gold aus den deutschen Mooren zu gewinnen, ebenfalls vergeblich.

Mitten im Gespräch überfiel Stark eine heftige Übelkeit. Mit einer gemurmelten Entschuldigung an Haber und den Gastgeber eilte er zur Garderobe, ergriff Hut und Mantel und erreichte gerade noch das Freie, bevor er sich all der genossenen Köstlichkeiten wieder entledigte.

In seinen Memoiren bezeichnete er dieses Ereignis als Folge der jahrelangen Entbehrungen der Kriegsjahre, die seinen Magen von den Genüssen von reichlichem Essen und Trank entwöhnt hätten.

In bester Verfassung reiste Johannes Stark am nächsten Tag mit seinen Kollegen in die alte Universitätsstadt Uppsala, besichtigte mit Interesse alte Kirchen mit blutigen Kleidungsstücken aus der Geschichte der schwedischen Könige und berauschte sich an der heroischen Herbheit der skandinavischen Landschaft.

Einer der Höhepunkte der Reise war der Besuch bei Sven Hedin, dem berühmten Entdecker, Geographen und Reiseschriftsteller.

Er galt als eine der bedeutendsten Persönlichkeiten Schwedens und hatte als Mitglied zweier wissenschaftlicher Akademien Stimmrecht bei der Wahl der Nobelpreisträger. Gemeinsam mit seiner Schwester lebte er in Stockholm in einer großen Wohnung mit spartanisch eingerichteten Zimmern inmitten von Erinnerungsstücken seiner Expeditionen in Innerasien.

Hedin schien ein Entdecker aus einer längst vergangenen Zeit zu sein. Er war Monarchist, Antidemokrat, Nationalist und Militarist. »Nur ein Land, das willens ist, sich bis zum letzten Blutstropfen zu verteidigen, verdient es, frei zu sein. Und Deutschland hat sich seine Freiheit mehr als verdient! Die germanischen Völker müssen zusammenstehen, und ich sehe für mein geliebtes Schweden nur eine Zukunft: An der Seite von Deutschland!«

Die Nobelpreisträger stimmten ihrem Gastgeber mit Bravorufen zu – außer Willstätter. Für den in Nürnberg aufgewachsenen Wissenschaftler war Vaterlandsliebe eine Sache, germanentümelnder Chauvinismus eine ganz andere.

»Schade, dass Sie für Ihre Forschungen ein so großes Labor benötigen«, wandte sich Hedin an Stark und deutete auf eine Landkarte an der Wand. »Ich plane eine Expedition in die Mongolei und in die Wüste Gobi. Das soll eine Art *wandernde Universität* mit Archäologen, Astronomen, Botanikern, Geographen, Geologen, Meteorologen und Zoologen werden. Und alles so gar nicht Ihr Forschungsgebiet. Für Ihre Fakultät kann ich leider nichts bieten.«

Auch Johannes Stark bedauerte dies. Er wäre gerne mit dieser lebenden Legende, die er bereits in jungen Jahren bewundert hatte, nach Asien gereist, allein schon des internationalen Renommees wegen. Doch wie sollte man in unwirtlichen Gegenden in Zelten hausend die Beschaffenheit der Atome ergründen?

Schweden gefiel Johannes Stark. Stockholm war sauber, die Menschen fröhlich und von keinem verlorenen Krieg belastet. Er beneidete den Biochemiker Hans von Euler, der unweit der Stadt ein Landhaus besaß und in Ruhe seine Forschungen betreiben konnte. Doch das kurze Aufflackern, im »glücklichen Stockholm« forschen und leben zu wollen, verflog schnell. »Das deutsche Schicksal« beunruhigte Johannes Stark viel zu sehr, als dass er der Heimat seines persönlichen Glückes wegen den Rücken gekehrt hätte.

So schrieb er es zumindest 1945 in seinen *Erinnerungen eines deutschen Naturforschers* als Gefangener der amerikanischen Militärpolizei.

Vergangenheit:

Das Pfarrhaus am Bodensee

Am Abend des 8. November 1923 zerriss ein stürmisches Klingeln die besinnliche Stille im protestantischen Reutiner Pfarrhaus. Ein überaus energisches, forderndes Klingeln. Die Pfarrfrau Barbara Gollwitzer legte ihr Strickzeug beiseite und ging zur Tür, um dem ungeduldigen Besucher zu öffnen. Immer war sie es, die den Kontakt zu den Gemeindemitgliedern pflegte, nie ihr Mann, der Pfarrer von St. Verena, Wilhelm Gollwitzer. Der sehnte sich zurück zu den wortkargen Oberfranken in Bad Steben, die anders als die distanzlosen, schwatzhaften Schwaben ihren Pfarrer nicht mit Besserwisserei in Glaubensangelegenheiten behelligten. Sosehr Wilhelm Gollwitzer dafür gekämpft hatte, an den Bodensee versetzt zu werden, so sehr bereute er inzwischen diesen Schritt. Die Leute in seiner Gemeinde waren frömmelnd und bauten sich durch intensive Lektüre sektiererischer Schriften ihren eigenen Glauben. Wilhelm Gollwitzer empfand dies als Anmaßung, schließlich war er der Pfarrer und wusste kraft seines Amtes um die rechte Lehre. Die bigotte Geschwätzigkeit »seiner« Schwaben in Glaubensfragen behagte ihm überhaupt nicht, und es fiel ihm schwer, ihnen gegenüber die Freundlichkeit und Offenheit aufzubringen, die man vom örtlichen Seelsorger erwartete.

Die Pfarrfrau sah in das aufgeregte Gesicht von Arthur Möhringer, dessen Wangen rot glühten. Doch es war nicht ein herbstliches Fieber, das den jungen Mann gepackt hatte, sondern der revolutionäre Eifer. Vorgestern hatte er noch die Kohlen in den Keller des Pfarrhauses geschleppt, die Gesichtszüge kaum erkennbar unter dickem schwarzen Staub, heute stand er sauber, adrett und frisch rasiert vor der Tür, in der braunen SA-Uniform eines Sturmmannes. Arthur Möhringer gehörte erst seit August zur Sturmabteilung der NSDAP, und bei seinem Eintritt in diese Organisation hatte eine Goldmark noch keiner Million Papiermark entsprochen. Heute Morgen dagegen waren es schon zweihundert Milliarden gewesen, und jeden Tag würde die Inflation schlimmer werden. Inzwischen trugen die Arbeiter und Angestellten ihren Tageslohn mit Waschkörben nach Hause, und man konnte gar nicht so schnell einkaufen, wie das Geld wertlos wurde. Der Wechselkurs für einen US-Dollar stand jetzt ungefähr bei einer Billion Mark, und ein Ende des Verfalls war nicht abzusehen.

»Guten Abend, Frau Pfarrer! Wir haben einen Rundruf aus München. Wir brauchen den Helmut als Meldejungen!«

»Langsam, langsam. Egal, wie wichtig es ist, aber heute Abend macht der Helmut gar nichts mehr, es ist schon spät. Und morgen hat er Schule.«

»Unser Oberscharführer hat aber den Befehl erteilt, dass alle Buben des Lindauer Deutsch-Nationalen Jugendbundes als Meldejungen zur Verfügung stehen müssen. Heute Nacht ist Schluss mit der Verpreußung Bayerns. Wir setzen der roten Pest ein Ende. Hitler wird noch heute Nacht im Bürgerbräukeller in München ein Zeichen setzen!«

Der Pfarrer hatte sich inzwischen im Wohnzimmer neugierig hinter die Tür zum Flur geschlichen, um zu hören, was da vor sich ging. Jetzt öffnete er diese ruckartig und rief: »Möhringer, kommen Sie herein! Erzählen Sie mir ganz ruhig, was eigentlich los ist! Und Barbara, bitte bring uns einen Schnaps.«

Wilhelm Gollwitzer goss beiden einen Doppelten ein, ergriff sein Glas und prostete dem jungen Mann zu. Der stürzte den Schnaps in einem Zug hinunter, holte kurz Atem, und dann sprudelte es aus ihm heraus:

»Weil Sie doch ein Telefon haben, Herr Pfarrer, hat unser Oberscharführer gemeint, dass wir von hier die Informationen zu allen unseren Mitgliedern bringen können. Weil doch der Helmut bei den Deutschnationalen ist, kann er als Melder alles weitergeben.«
»Was soll er weitergeben? Welche Informationen? Was ist denn überhaupt los?«
»Hitler will heute Nacht Schluss machen mit dem Berliner Sozialistenpack! Wir lassen uns von diesem moralischen Sündenbabel nicht mehr länger unser Leben kaputt machen. Als Christ kann man da doch gar nicht mehr mit zuschauen, gell, Herr Pfarrer?«
»Das mit dem Christsein ist nie einfach, Möhringer. Wenn die Wirtschaft so daniederliegt und kaum noch Hoffnung ist, braucht man einen starken Glauben. Da freut es mich schon, wenn es in Bayern noch aufrechte, anständige, nationale Menschen gibt. Nicht umsonst sind ja General Ludendorff und der Hermann Ehrhardt nach Bayern übergesiedelt. Die wissen genau, warum sie Berlin den Rücken gekehrt haben. Aber wie geht es jetzt weiter?«

Möhringer zog einen zerknitterten Zettel aus seiner Hosentasche, entfaltete ihn und strich ihn glatt, bevor er diesen dem Pfarrer gab. »Da steht eine Münchner Telefonnummer drauf. Wenn Sie dort anrufen und Ihre Nummer hinterlassen, ruft man hier ins Pfarrhaus zurück und sagt Bescheid, welche Befehle wir weitergeben sollen.«

»Dann will ich gleich mal telefonieren. Wir wollen schließlich der Geschichte nicht im Wege stehen.«

Wilhelm Gollwitzer ging zum Fernsprechapparat, der an der Wand neben der Tür befestigt war, und drückte ein paar Mal auf die Gabel. Dann rief er: »Fräulein, verbinden Sie mich bitte mit folgender Münchner Rufnummer!«

Nach einem kurzen Gespräch, von dessen Inhalt Möhringer

nichts mitbekam, legte der Pfarrer den Hörer wieder auf die Gabel und kehrte zum Tisch zurück. Während er eine weitere Runde Schnaps einschenkte, sagte er ruhig: »Man wird uns Bescheid geben. Verlassen wir uns auf das Schicksal. Und erheben wir unsere Gläser auf Deutschland und auf Bayern!«

Möhringer gab dem Pfarrer noch einen zweiten Zettel, auf dem die Namen und Adressen der SA-Mitglieder standen, die informiert werden mussten. Dann verabschiedete Wilhelm Gollwitzer den Sturmmann und Kohlenschlepper in eine geschichtsträchtige Nacht und beschloss, noch ein Telefonat zu führen. Wilhelm ließ sich mit einer Nummer in Weiden in der Oberpfalz verbinden, doch diesmal war kein Fremder am anderen Ende der Leitung, diesmal blieb der Anruf innerhalb der Familie. Johannes Stark, Physiknobelpreisträger von 1919 und Sohn der Marie Gollwitzer aus Grafenreuth, freute sich, von seinem Vetter aus Lindau interessante Neuigkeiten zu hören.

* * *

Wilhelm Gollwitzer war im Sessel eingedöst, als ihn das Schrillen des Telefons aus seinen unruhigen Träumen riss. Schlaftrunken nahm er den Hörer von der Gabel und lauschte der Stimme aus dem fernen München. Schließlich antwortete er: »Ja, ich werde alles so weitergeben. Und ich sorge dafür, dass ständig jemand beim Telefon ist.«

Als er aufgelegt hatte, betrat Barbara im Nachthemd das Wohnzimmer und sah ihren Mann vorwurfsvoll an.

Verlegen und um die Wichtigkeit seines ungewöhnlichen nächtlichen Verhaltens zu rechtfertigen, sagte er unvermittelt: »Hitler hat mit dem Revolver in die Decke geschossen.«

»Was soll das, Wilhelm? Hast du schon mal auf die Uhr geschaut? Du brauchst deinen Schlaf. Hat das nicht alles bis morgen Zeit?«

»Nein! Die Zeit ist jetzt! Jeder muss an seinem Platz das Seine dazu tun. Dem können wir uns nicht entziehen, es ist unsere höhere Pflicht! Wir können nicht abseits stehen, wenn die Weichen für ein neues Deutschland gestellt werden. Auch wenn wir nur kleine Rädchen im Getriebe der Geschichte sind, aber jedes Rädchen ist wichtig. Hitler hat zusammen mit Ludendorff die nationale Revolution ausgerufen, und von Kahr, von Lossow und von Seißer sind auf ihrer Seite. Glaub mir, Barbara, nun machen sie es wie der Mussolini bei seinem Marsch auf Rom! Die Reichswehr und die nationalen Wehrverbände marschieren nach Berlin und übernehmen die Macht im Deutschen Reich. Alles wird sich ändern!«

»Ja, ja«, sagte die Pfarrfrau. »Und unser Telefon in Reutin entscheidet über das Schicksal der Nation. Komm jetzt endlich ins Bett, du siehst müde aus.«

»Nein, ich schlafe lieber neben dem Telefon. Ich spüre, dass die kommenden Stunden von entscheidender Bedeutung sind.«

Leider hatte das Reutiner Pfarrhaus zwar ein Telefon, aber noch kein Radiogerät. Und so verpasste Wilhelm Gollwitzer nachts um zwei Uhr fünfundfünfzig, wie Gustav von Kahr im Rundfunk seine Zusage widerrief, Hitlers Staatsstreich zu unterstützen. Stattdessen ging der Pfarrer davon aus, dass sich der Marsch nach Berlin von München aus in Bewegung gesetzt hatte.

* * *

Am Frühstückstisch war die Familie bis auf den ältesten Sohn Gerhard vollständig versammelt. Der ging aufs St.-Anna-Gymnasium in Augsburg und würde erst am morgigen Samstag zum Wochenende nach Hause kommen.

Barbara blickte auf ihre große, aber für eine Pfarrersfamilie durchaus übliche Kinderschar. 1904 hatte sie ihren Wilhelm geheiratet, und dann waren die Kinder gekommen, eins nach dem anderen im Jahresabstand wie die Orgelpfeifen: Ingeborg 1905, Gerhard 1906, Gerda 1907 und Helmut 1908. Erst da war ihr eine Pause von vier Jahren vergönnt, bis 1912 Herbert geboren wurde. Und dann schließlich das von allen geliebte Nesthäkchen Uwe, das etwas überraschend, doch hochwillkommen 1920 das Licht der Welt erblickt hatte.

Die Stimmung an diesem Morgen war äußerst angespannt und gereizt. Ingeborg, schon seit einem Jahr auf Konfrontationskurs mit dem Vater und dessen nationalkonservativen Ansichten, wartete offenkundig auf eine Gelegenheit, diesen zu provozieren. Und ein Anlass fand sich bald. Wieder war es das Telefon, das seit dem gestrigen Abend so plötzlich im Zentrum der Ereignisse im Pfarrhaus stand.

Mit erwartungsvollem Gesicht nahm Wilhelm den Hörer ab, doch mit zunehmender Dauer des Gesprächs versteinerte seine Miene. Am Schluss sagte er einsilbig: »In Ordnung, wir sind weiter in Bereitschaft.«

Barbara sah ihren Mann fragend an, und der erklärte: »Von Kahr ist abgesprungen und die anderen auch. Bestimmt haben die Juden interveniert und sie abspenstig gemacht. Die kaufen schon immer jeden, der sich kaufen lässt.«

»Jesus war auch Jude«, warf Ingeborg sarkastisch ein. Sie wusste, wie sie ihren Vater treffen konnte.

»Er war zuallererst Gottes Sohn!«, wies der sie scharf zurecht. »Außerdem gibt es einen riesigen Unterschied zwischen den Juden des Alten Testaments und den Juden nach der Vertreibung aus Palästina. Die alten Juden waren kämpferisch, schau dir nur den Auszug aus Ägypten und die Landnahme an. Und erst ihr Widerstand gegen die Römer! Knapp tausend Männer, Frauen und Kinder haben auf Masada fast vier Jahre lang gegen fünfzehntausend Legionäre standgehalten, und dann haben sie sich lieber selbst umgebracht, als ihren

Feinden in die Hände zu fallen. Das war doch ein ganz anderer Menschenschlag!«

»Und warum hat Luther dazu aufgefordert, die Synagogen und Judenschulen niederzubrennen?«

»Das war doch eine ganz andere Zeit, das kann man nicht mit heute vergleichen«, erklärte der Pfarrer.

Nun fühlte sich auch Helmut bemüßigt, etwas beizutragen. Immerhin war er es, der heute als Meldejunge im Mittelpunkt stand. Ihm gebührte die ehrenvolle Aufgabe, das Feuer der nationalen Revolution in Lindau von Haus zu Haus zu tragen. Und so gab der knapp Fünfzehnjährige etwas altklug die Sätze wieder, die man ihm bei den Schulungen der Jugendorganisation eingetrichtert hatte und die für ihn als Sohn eines deutschnationalen Vaters so eingängig und überzeugend waren:

»Ein Jude ist kein Deutscher und kann keiner sein! Das Ideal der Juden ist der Händler, unser Ideal ist der Held. Es gibt überhaupt keine jüdischen Bauern, Arbeiter und Soldaten, weil die Juden unproduktiv sind. Sie spintisieren in ihren Schriften herum, und es fehlt ihnen an jedem Gefühl für germanische Werte: Treue, Ehre, Führer und Gefolgschaft.«

Wilhelm nickte eifrig zustimmend, während Barbara dem Sohn einen schweigenden tadelnden Blick zuwarf, der dem Pfarrer nicht entging.

»Kindermund tut Wahrheit kund! Kein Jude ist je ein rechter Christ geworden. Schaut euch doch das Elend der seelisch gespaltenen Mischlingskinder an! Deutsch sein und Jude passt einfach nicht zusammen.«

Wieder schrillte das Telefon, und Wilhelm hob aufgeregt ab. Das Gespräch war einseitig, das hieß: München sprach, und Reutin hörte zu. Nur am Schluss ließ der Pfarrer ein militärisch knappes »Jawohl!« hören.

»Helmut, nimm dein Fahrrad und radle zu den Adressen, die auf dem Zettel stehen! Hitler marschiert auf die Feldherrenhalle.

Wenn diese besetzt ist, soll die SA die Hauptpost in Lindau übernehmen und die Kaserne der Reichswehr blockieren. Es muss unter allen Umständen verhindert werden, dass die Soldaten ausrücken können! Alle müssen in Bereitschaft sein.«
Trotz der Novemberkälte trug Helmut kurze Hosen, dazu wollene Kniestrümpfe, feste Schuhe und sein »bündisches« Hemd, das ihn quasi zum Uniformträger machte. Sich der Bedeutung seiner Aufgabe bewusst, stieg er auf das schwarze, schwere Fahrrad und ließ es die Straße von Reutin nach Lindau hinunterrollen. Der Rückweg würde wesentlich beschwerlicher sein.

Als Helmut nach über einer Stunde ins Pfarrhaus zurückkehrte, erwartete ihn der Vater schon an der Tür.
»Du musst gleich wieder los! Es ist etwas ganz Schlimmes passiert. Die Landespolizei hat die Kampfbündler an der Feldherrenhalle zusammengeschossen. Es hat viele Tote gegeben, und der Hitler und der Ludendorff sind verwundet oder vielleicht sogar tot. Es ist schrecklich! Sag allen, sie sollen sich ruhig verhalten, bis neue Anweisungen kommen!«
Aufgewühlt wendete Helmut sein Fahrrad und rollte erneut den Berg hinunter. So schnell war also die nationale Revolution vorbei. Er konnte sich nicht vorstellen, was jetzt geschehen würde. Wenn die Bewegung ihrer Führer beraubt war, wer sollte Deutschland noch retten? Verzweiflung übermannte ihn, und seine Tränen kamen nicht vom Fahrtwind.

Die Stimmung beim Mittagessen im Pfarrhaus war bedrückend. Barbara verstand es, ihre Erleichterung über den gescheiterten Putsch vor ihrem Mann zu verbergen, und auch Ingeborg vermied es, Salz in die Wunden des Vaters zu streuen. Alles war in einem sonderbaren, unwirklichen Schwebezustand. Bis Wilhelm das allgemeine Schweigen brach.

»Was soll man nach einem solchen Ereignis am Sonntag predigen?«

»Vielleicht kannst du über die Toten reden, über die Toten auf beiden Seiten. Und dass es wohl kaum Gottes Wille sein kann, dass Deutsche auf Deutsche schießen«, antwortete Barbara bitter.

»Die Kampfbündler sind Märtyrer, die anderen sind nur Schergen der Politik. Die Nationalen sind Blutzeugen für Deutschland. Denkmäler wird man ihnen setzen!«

»Jetzt warte doch erst einmal ab, was wirklich passiert ist. In der ganzen Aufregung wird vieles falsch erzählt, und die Gerüchte kochen über. Du weißt doch noch gar nicht, ob Hitler und Ludendorff wirklich tot sind.«

Doch Wilhelm wollte sich nicht beruhigen, zu groß waren seine Enttäuschung und Trauer. Erst das Telefon riss ihn aus seinen depressiven Gedanken. Diesmal gab man ihm den Text für ein Flugblatt durch, das sofort gedruckt und unter die Leute gebracht werden sollte.

Der Pfarrer schrieb den Text noch einmal sauber in seiner gestochen scharfen Schrift ab,

Deutsche heraus!

Arbeiter, Beamte, Bürger!
Was geht vor? Geht hinaus auf die Straße!
Hier schießen
Deutsche auf Deutsche
auf Befehl des ehrenwortbrüchigen Herrn v. Kahr! Ludendorff, unser größter deutscher General — schwer verwundet von deutscher Reichswehr im jüdischen Sold! Hitler, der völkische Befreier — verwundet! Andere Führer feig gemeuchelt! Was könnt Ihr tun, deutsche Männer und Frauen? Geht nicht von den Straßen, bis diese zweite Novemberschmach gesühnt ist, sonst wird der Untergang der völkischen Freiheitsbewegung auch Euer Untergang sein!

damit in der Druckerei ja kein Übertragungsfehler passierte, und schickte Helmut damit los. Am Nachmittag verteilten die SA und alle nationalen Jugendbünde in ganz Lindau den aufwühlenden Zettel.

Johannes Stark schrieb in seinen Erinnerungen:

Am 9. November des Jahres 1923 kam vormittags die Nachricht aus München, dass die nationale Erhebung unter Hitler erfolgt sei und dieser die Regierung übernommen habe. Bald darauf kam eine andere Nachricht, dass Hitler und Ludendorff gefangen, ja vielleicht sogar gefallen seien. Auf Bitten der Weidener Verbände beschloss ich, die Wahrheit in München selbst festzustellen, und fuhr nachmittags mit dem Schnellzug dorthin. Es war Abend, als ich eintraf. Ich begab mich auf die Maximilianstraße. Die Straßen waren durchzogen von lärmenden Gruppen, aus deren Mitte Drohrufe gegen den »Verräter-Hund« Kahr erschollen. Vor der Oberbayerischen Regierung, dem Amtssitze Kahrs, stand Militär hinter Stacheldraht. Es war richtig, die nationale Erhebung unter Hitler und Ludendorff war missglückt.

Vergangenheit:

Ein Besuch bei Johannes Stark

Ende Februar 1924 fuhr Wilhelm Gollwitzer mit der Eisenbahn von Lindau über Nürnberg nach Weiden. Die Inflation war durch die Einführung der Rentenmark endlich gestoppt, und in München lief der Prozess gegen Hitler und die anderen November-Putschisten.

Wilhelm wollte Verwandte besuchen, um für sein Lieblingsprojekt, die Gollwitzer-Chronik, zu forschen, an der er schon seit vielen Jahren arbeitete. Bei dieser Gelegenheit hatte er sich auch telefonisch mit seinem berühmten Vetter Johannes Stark verabredet, um ihn in Ullersricht bei Weiden zu besuchen.

Wilhelm erinnerte sich noch äußerst lebhaft an den Tag im Jahr 1919, als ihn die Nachricht erreichte, dass man dem Vetter den Nobelpreis für Physik zuerkannt hatte. Es war für ihn der glücklichste Tag seit vielen Jahren gewesen. So kurz nach dem schändlich verlorenen Krieg erhielt erstmals in der Geschichte überhaupt ein Oberpfälzer den Nobelpreis und dann auch noch einer, der zur Gollwitzer-Sippe gehörte – Wilhelm war unsagbar stolz, ergriffen und tief bewegt. Selten standen seine Ideale so leuchtend auf dem Podest: Sippe, Heimat und Nation, alle geehrt und von der Welt anerkannt in der Person seines Vetters Johannes Stark.

Am frühen Nachmittag erreichte Wilhelm das »Schöneck« genannte Landhaus des Vetters. Es war eigentlich ein Haus für zwei Familien und bot eine wunderbare Aussicht auf die sanften Höhen und das Flüsschen Naab. Johannes entschuldigte seine Frau, die mit einem der Kinder beim Arzt weilte, aber Wilhelm war es ganz recht, mit dem Vetter allein zu sein. Nachdem das Dienstmädchen Kaffee serviert hatte, entzündeten die Herren genüsslich ihre Zigarren und begaben sich in ihre Welt.

Im Salon bewunderte Wilhelm das gerahmte prunkvolle, in Leder und Gold gearbeitete Diplom des Nobelpreises, das auch die Unterschrift des schwedischen Königs trug.

»Der König war leider bei der Verleihung unpässlich«, kommentierte Johannes die bewundernden Blicke von Wilhelm. »Aber er hat uns später in seinem Schloss empfangen. Es war schon eine ganz besondere Reise damals: fünf deutsche Nobelpreisträger nach dem verlorenen Krieg unterwegs nach Stockholm. Wir waren die Helden der Nation! Aber die Zeiten haben sich in den wenigen Jahren geändert. Was ist seither nicht alles geschehen! Mich haben sie 1922 von der Universität Würzburg vertrieben, weil ich mich für den Einstein-Gegner Glaser eingesetzt hatte. Judenhetze haben sie mir vorgeworfen! Aber schon ein Jahr später hat sich der Wind gedreht, und an der Münchner Ludwig-Maximilians-Universität hat man dem Willstätter ziemlich zugesetzt. Da war er kein Held mehr! Nur mit Hilfe seines jüdischen Netzwerks konnte er sich überhaupt noch halten.«

»Ich bin immer noch so stolz auf dich!«, versuchte Wilhelm das Thema zu wechseln. »Ich habe alle Zeitungsausschnitte zur Preisverleihung aufgehoben«

»Danke, mein Guter, danke. Für mich galt es danach, das Preisgeld vor der Geldentwertung in der Heimat zu schützen. Neben ein paar Wohnhäusern in Weiden und Regensburg und ein paar Wäldern in der nördlichen Oberpfalz kaufte ich Anteile an der Porzellanfabrik hier in Ullersricht, weshalb ich auch dieses Haus hier gebaut habe. So bin ich einigermaßen unbeschadet durch die Inflation gekommen.«

»Du bist eben nicht nur ein hervorragender Physiker«, schmeichelte Wilhelm dem Vetter und fuhr fort: »Ist dir eigentlich bewusst, Johannes, dass wir die erste Generation sind, die die

Bauernhöfe hinter sich gelassen hat? Freiwillig hinter sich gelassen, nicht aus schierer Not wie die armen Hungerleider, die im letzten Jahrhundert in Amerika ihr Glück gesucht haben und doch nur Handlanger geblieben sind. Aber du hast den *Schönhof* in Schickenhof und ich den *Löwenhof* in Bochsdorf mit ganz anderen Zielen verlassen.«

»Und doch wollte mein Vater immer, dass ich auch Bauer werde«, sagte Johannes nachdenklich. »Weil nur der Bauer wirklich frei ist. Vater hatte mich gewarnt, dass du sogar als Universitätsprofessor nur ein abhängiger Angestellter bist, der in einer fremden Sache von fremden Leuten herumkommandiert wird. Aber als Bauer bist du auf deiner Sache, und keiner kann dich kommandieren. Doch zurzeit fühle ich mich auch als Wissenschaftler unabhängig, weil man sich an den Universitäten gegen mich verschworen hat. So kann ich frei eintreten für das, was für mich wichtig und richtig ist. Bald geht der Prozess gegen Hitler in die entscheidende Phase, und ich werde in meiner Wochenschrift eindeutig Stellung beziehen!«

Wilhelm kannte die Zeitschrift »*Volksgemeinschaft. Wochenschrift für Politik und Wirtschaft*« sehr gut, zählte er doch zu den wenigen Abonnenten, die das von Johannes Stark seit Anfang Januar 1924 herausgegebene Blatt regelmäßig bezogen. Der Vetter war trotz des gescheiterten Novemberputsches der Ansicht, dass unter Hitlers Führung die nationale Wiedererhebung des deutschen Volkes kommen werde. Für ihn war Hitler der kommende Mann, ein neuer Arminius, ein fleischgewordener Siegfried, ein wiedergekehrter Luther, nicht weniger als der Retter Deutschlands.

»Diesen Text werde ich in der nächsten Ausgabe abdrucken, und ich werde dafür sorgen, dass er vor dem Gerichtsgebäude in München tausendfach verteilt wird. Hitler braucht jetzt nicht nur die Unterstützung der Durchschnittsmenschen, sondern auch der führenden Köpfe unseres Volkes!«

Ehrenerklärung für Hitler
Hier geht es nun seit Jahren schon immer verstärkt gerade gegen das, was uns von Jugend auf immer das Höchste und Heiligste am Menschen war und was uns auch bei unserer Lebensarbeit geleitet hat, um den germanischen Geist der Ehrlichkeit, mit dessen Ausrottung man auch den Ast absägt, auf welchem die Wissenschaft sitzt. Und weil wir dies fühlten und immer noch stärker zu fühlen bekamen, sind wir ›völkisch‹ geworden, das heißt, wir legen jetzt höchsten Nachdruck darauf, das in unserem Blut Geerbte zu verteidigen, weil wir es als den Segen der Menschheit überhaupt erkennen gelernt haben. Hitler und seine Kampfgenossen, sie scheinen uns wie Gottesgeschenke aus einer längst versunkenen Vorzeit, da Rassen noch reiner, Menschen noch größer, Geister noch weniger betrogen waren.

»Ich finde es gut, dass du deine Stimme erhebst, Johannes. Es ist Zeit, die Dinge beim Namen zu nennen. Man muss Zeichen setzen«, bestärkte Wilhelm Gollwitzer seinen Gastgeber.

»Pazifismus ist keine Weltanschauung, sondern Feigheit! Wie konnte man den Krieg verloren geben, während unsere Truppen noch im Feindesland standen? Man muss Wahrheiten aussprechen dürfen. Die Juden sind nun einmal ein von Gott verdammtes Volk, das haben sie sich selbst zuzuschreiben. Wenn wir uns von ihrem Joch befreien, wird unser Land wieder erblühen. Wir müssen uns auf unsere Stärken besinnen. Die Verwirklichung der Volksgemeinschaft über die politischen, sozialen und konfessionellen Unterschiede hinweg ist der Schlüssel zur Wiedererhebung Deutschlands.«

»Tapfer gesprochen, Vetter!«, lobte Wilhelm. »Mit Männern wie dir an den richtigen Stellen ist mir nicht bang vor der Zukunft. Trage ein jeder von uns sein Scherflein bei, Deutschland dorthin zu bringen, wohin es in der Hierarchie der Völker gehört: nach oben!«

Gegenwart:

Berlin-Dahlem

Die Souterrain-Wohnung in der Thielallee, die Arno während seiner Dozentenaufenthalte an der Freien Universität nutzen durfte, lag in unmittelbarer Nähe zur St.-Annen-Kirche in Berlin-Dahlem. So beschlossen die beiden, gleich nach Arnos Vorlesung »Über die Entstehung und Veränderung von Religionen« das Grab von Helmut Gollwitzer zu besuchen. Kurz nachdem sie das Dahlemer Gemeindehaus passiert hatten, betraten sie den die Kirche umgebenden Friedhof durch den Eingang an der Königin-Luise-Straße. Der Schnee war längst wieder von den Gehwegen verschwunden, doch die Gräber bedeckte immer noch ein feines, winterliches Leichentuch. Eine hauchdünne, fast transparente Schicht zwischen Hier und Dort, zwischen Leben und Tod. Nie war Friederike die Schmalheit dieses eiskalten Grates bewusster gewesen als in diesem Augenblick.

Und danach?, fragte sie sich. *Was bleibt den Hinterbliebenen? Eine Grabstelle, ein Ort der Erinnerung, zeitlich limitiert, gegen Gebühr erneuerbar, bis irgendwann auch diese Option verfällt.*

Vor dem Grab von Brigitte und Helmut Gollwitzer driftete Friederike in ihren Gedanken mehr und mehr ab, bis zu jenem Punkt, wo sich Fühlen und Denken vereinen, ohne Rücksicht auf den frierenden Körper.

Dinge, Situationen und Menschen verschwinden. Ob sie wichtig oder unwichtig waren, liegt außerhalb unserer Messbarkeit. Wie kann man den Wert von etwas bemessen, das nicht mehr da ist? Von dem wir oft gar nicht wissen, dass es fehlt? Manchmal schleicht sich eine Ahnung des Verschwindens in das Bewusstsein. Das sind die Momente, in denen eine

Wahrnehmung gerade noch aufblitzt. Mehr ein unbestimmtes Flackern denn ein bewusstes Erkennen, begleitet von einer dumpfen Vermutung, dass etwas Bedeutsames verloren geht. Eine flüchtige, flüchtende Bewegung zwischen zwei blinden Flecken des Ereignishorizonts. Wenn man nicht so genau darauf achtet, kann alles aus der Wahrnehmung verschwinden. Sogar Menschen. Oder ein ganzes Zeitalter. Früher, in der vormedialen Zeit, als wir noch selbst entscheiden mussten, was in der Erinnerung bleiben soll, waren wohl wir diejenigen, die, bewusst oder unbewusst, auswählten. Unser Gedächtnis war noch nicht den Einschaltquoten von öffentlich-rechtlichen oder privaten Medienanstalten unterworfen. Heute stapeln sich in unseren Informationsaufbewahrungskästen und Erinnerungsschubladen Katastrophen aus aller Welt, die mit schmuddeligen Prominentengeschichten und schnell vergänglichen Tagesaktualitäten um unsere Wahrnehmung buhlen, und schieben das Familiäre vollends in die Versenkung ungeschriebener Historie. Ein, zwei Sätze werden wohl noch eine Zeit lang existieren, bis keiner mehr da ist, der sich erinnert, dass sie je geschrieben oder gesprochen wurden. Dann gehen auch diese ein in die geheime Bibliothek vergessener Manuskripte und nie geschriebener Bücher, wo sie ein verschwiegener, wissend lächelnder Großarchivar verwahrt.

Die Kälte ließ die Gegenwart des St.-Annen-Friedhofs über die Gedankenwelten siegen, jedoch nur kurz. Bereits auf der anderen Seite der Kirche öffnete ein weiteres Grab die Pforte der Erinnerungen. Rudi Dutschke war hier begraben, er, der Helmut Gollwitzer als »radikaldemokratisches Licht« bezeichnet und bei ihm gewohnt hatte mit Frau Gretchen und Sohn Hosea Che, damals in den Zeiten der Studentenunruhen.

Treffen sie sich heute noch auf halbem Weg zwischen den Gräbern, der Christensozialist und der junge Rebell? Schwingen ihre morphischen Resonanzen im Schiff der kleinen Kirche, Begegnungen in einem Geistraum jenseits aller Begrenzungen? Klingen hier in manchen Nächten vielleicht andere Lieder als die lutherischen?

Es rettet uns kein höh'res Wesen,
kein Gott, kein Kaiser noch Tribun,
uns aus dem Elend zu erlösen,
können wir nur selber tun ...

Auch auf Friedhöfen gibt es politische Akzente, nicht nur bei Beerdigungen. Man erinnere sich an das Verschwinden von Fritz Teufels Urne vom Dorotheenstädtischen Friedhof in Berlin-Mitte kurz nach der Bestattung im August 2010. Auf wundersame Weise tauchte sie einige Wochen später neben dem Grab von Rudi Dutschke wieder auf. So fanden zwei Exponenten von 1968 im Nachleben eine Nähe, die es in ihren Leben vorher nicht gegeben hatte. Überhaupt: die Nachtod-Erfahrungen! Diese Gräuel der Verdrehungen und Vereinfachungen, besser Verplattungen von gedächtnisgestörten Zeitzeugen und ignoranten Spätgeborenen. Wenn Unrecht einen Verstorbenen dazu bringt, zu spuken, dann ist Rudi Dutschke wohl jede Nacht in Berlin unterwegs. Auf den Begriff Studenten*führer* haben sie ihn reduziert in ihren Betrachtungen über die Achtundsechziger, in ihren vollgeschwätzten Doku-Soaps egomanischer Falsch-Erinnerungen. Ausgerechnet auf den Begriff *Führer*! Welche Grausamkeit der Geschichte!

Die Situation machte Arno nachdenklich, und er musste zugeben, dass er zwar einiges über Helmut Gollwitzer gehört hatte, aber nichts über ihn wusste. Seine Erfahrung sagte ihm, dass man Vorurteilen und Meinungen gegenüber misstrauisch sein sollte, egal ob sie aus dem konservativen Lager kamen oder von den so genannten Linken. In den nächsten Tagen wühlte er sich durch die verfügbare Gollwitzer-Literatur und versuchte den Menschen zwischen den Buchstaben zu finden und zu erahnen, was ihn bewegt und getrieben hatte. Was sollte man von einem Mann halten, der in russischer Kriegsgefangenschaft versucht hatte, den Kommunismus zu verstehen, und trotz aller Erfahrungen immer noch im Grunde seines Herzens Sozialist geblieben war? Was von einem Pfarrer, der am Grab von Rudi Dutschke und Ulrike Meinhof ebenso gesprochen hatte wie an dem von Elly Heuss-Knapp und Gustav Heinemann? Eine wesentliche Konstante in Helmut Gollwitzers Leben schien gewesen zu sein, dass er immer zwischen allen Stühlen gesessen hatte. »Geistiger Vater von Aufstand und Gewalt« ist er genannt worden, und als er 1974 zusammen mit Heinrich Böll mit der Carl-von-Ossietzky-Medaille ausgezeichnet wurde, verstieg sich Heinrich Lummer, der Fraktionsvorsitzende der CDU im Berliner Senat, gar zu der Aussage: »Beide Männer gehören zu denen, die in unserem Land die Saat der Gewalt gepflegt und kultiviert haben, die jetzt ihre erschreckenden Blüten treibt.«

Erhellend zum Verständnis von Helmut Gollwitzers Situation war für Arno dessen Trauerrede bei der Beerdigung von Ulrike Meinhof 1976. Es musste dem Theologen von vornherein klar gewesen sein, dass er diesmal nicht nur zwischen die Stühle geraten würde, sondern zwischen Mühlsteine.

Er hatte die engagierte Journalistin und spätere Terroristin bereits 1959 bei einem studentischen Kongress gegen die Atombewaffnung der Bundeswehr kennengelernt und war seitdem mit ihr in loser Verbindung gestanden. Im August 1973 konnte Helmut Gollwitzer sie noch zu einem längeren Gespräch im Gefängnis Köln-Ossendorf besuchen. Und dann hatte man ihn gebeten, beim nicht-christlichen Begräbnis von Ulrike Meinhof zu sprechen. Der Dank waren Buhrufe von vermeintlich

Progressiven und Entrüstung von den selbsternannten Frommen. Genau hingehört hatte wohl niemand, denn Helmut Gollwitzer hatte deutlich und unmissverständlich gesprochen. Aber Verstehen war anscheinend von keiner Seite gewünscht. Denn was ist an dieser Aussage misszuverstehen: »Beim gleichen Ziel der Befreiung der Menschen von Unterdrückung und Ausbeutung hat Ulrike Meinhof meine Haltung entschieden abgelehnt, und ebenso habe ich ihren Weg abgelehnt.«?

Und Gollwitzers Satz »Dieses Kind Gottes Ulrike Meinhof ist – unabhängig von allem Richtigen und Falschen in ihrem Wollen und Tun – hinübergegangen in die Arme der ewigen Liebe …« löste ein Gegeneinander von Buhrufen und Händeklatschen aus.

Nach der Lektüre der Bücher von und über Helmut Gollwitzer verstand Arno mehr und mehr dessen provokante, aber auch bodenständige Art, seine vermeintliche Naivität im Glauben, nicht nur an Gott, sondern auch an das Gute im Menschen. Immer schimmerte in den Schriften seine Grundeinstellung durch: Durch Jesus ist das Reich Gottes auf die Erde gekommen. Nun ist es die Pflicht der Menschen, daran zu arbeiten, es zu verwirklichen – hier und nicht erst im Jenseits oder einem imaginären Himmel!

Und aus diesen »Grundsätzen« erklärt sich auch Helmut Gollwitzers Aussage: »Sozialisten können Christen sein. Christen müssen Sozialisten sein.«

Vergangenheit:

Abenddämmerung

Wie fern waren doch die Tage am Bodensee! Alles hatte sich geändert: Hoffnungen zerbarsten unter den Stiefeltritten der Aufmärsche, Ideale gingen in den Scheiterhaufen der Bücherverbrennungen in Rauch auf. Dabei war es keineswegs so, dass die Nazis ihre Maske hätten fallen lassen, sie hatten nie eine getragen. Die Leute selbst waren es, die ihre Wunschvorstellungen, Träume und Sehnsüchte in und auf die braunen Führer und Verführer projiziert hatten. Und viele, allzu viele hielten immer noch an ihren Illusionen fest.

Doch nach den Olympischen Spielen von 1936 wachten manche auf und erkannten, dass das Hakenkreuz nicht die Erlösung verhieß. Auch dem stramm deutschnationalen Pfarrer Wilhelm Gollwitzer wurde klar, dass das Wort »Volksgemeinschaft« nur ein Bauernfängertrick gewesen war. Und sein Sohn Helmut, der Meldejunge in der Putschnacht von 1923, hatte schon Jahre zuvor auf dem Gymnasium erkannt, *dass Pazifisten nicht notwendig verächtliche Feiglinge sind, Sozialisten nicht notwendig verächtliche Novemberverbrecher und Juden nicht notwendig von Gott verdammte Menschen.*

Gegen den Willen des Vaters hatte er bei Karl Barth Theologie studiert, und nun hatten die Zeit und die Ereignisse Helmut Gollwitzer nach Berlin-Dahlem zur *Bekennenden Kirche* verschlagen, präziser: Martin Niemöller hatte ihn geholt. Ein Fehler einer Schreibkraft im Arbeitsvertrag machte den jungen Theologen zum *Hilfsarbeiter* statt zum *Hilfsprediger* und sorgte so für eine jahrzehntelang erzählte Anekdote.

Seit 1. Mai 1937 war Helmut Gollwitzer *Dahlemit* und leitete ganzjährige Ausbildungskurse und zum Teil als »Landwirtschaftshilfe« getarnte Ferienkurse für Theologiestudenten der *Bekennenden Kirche*.

In einer anderen Zeit und unter anderen Umständen wäre dies höchstwahrscheinlich eine Station einer ganz normalen Pfarrer-Karriere gewesen. Im dunklen Deutschland jener Zeit, unter den ständig misstrauischen Augen der Gestapo, wurde sie ein Leuchtzeichen, das weit über Dahlem hinaus Wirkung zeigte. Denn schon zwei Monate nach Gollwitzers Dienstantritt kam es zu dramatischen Ereignissen.

Am Morgen des 1. Juli ging Helmut Gollwitzer zu einer Besprechung mit Pastor Willi Rott, der im Amt für Religionsunterricht der *Bekennenden Kirche* saß. Es war in einem Haus in Dahlem untergebracht, in dem die »Vorläufige Leitung der Deutschen Evangelischen Kirche« residierte. Plötzlich brach Unruhe aus, und kurz darauf ertönten harsche Befehle in allen Gängen. Die Gestapo besetzte das Haus.

»Bleiben Sie, wo Sie sind! Keiner verlässt das Haus, Sie sind umzingelt!«, erschallte es überall.

Unverzüglich begannen die Stapisten mit der Hausdurchsuchung und packten alle Akten, derer sie habhaft wurden, in mitgebrachte Weidenwaschkörbe und schleppten diese aus dem Haus.

Rott sah mit einem entsetzten Blick zu Gollwitzer und flüsterte: »Jetzt zerschlagen sie unsere Kirche.«

Bevor dieser antworten konnte, drängten die Beamten alle in ein kleines Zimmer im Dachgeschoss, egal ob die Leute zum Haus gehörten oder nur zufällig anwesend waren.

Während die Stapisten das Unterste zuoberst kehrten, waren sich die im Mansardenzimmer Eingeschlossenen einig, dass dies Hitlers lang erwarteter Schlag gegen die *Bekennende Kirche* war. In dieser Befürchtung bestärkt wurden sie durch die gezielte

Indiskretion eines Gestapo-Mannes, der wie zufällig zu einem Kollegen sagte, dass man Niemöller bereits verhaftet habe.

Als besonders erschreckend empfand Gollwitzer die eiskalte emotionslose Sachlichkeit der Beamten. Anders als die hasserfüllten SA-Schergen gingen die Stapisten mit distanzierter Arroganz mit den ihnen Ausgelieferten um. Das von Gestapo-Männern oft zur Schau gestellte Lächeln zeugte von Überheblichkeit und Zynismus. Für sie waren die Kirchenleute nicht mehr als ein Haufen frömmelnder Narren, die dem Fortschritt Deutschlands im Weg standen.

Stunde um Stunde verstrich. Nach einiger Zeit griff Helmut Gollwitzer zur Bibel und las aus dem Johannes-Evangelium vor.

»Hören Sie auf damit!«, befahl der Gestapo-Mann, der die Gruppe bewachte. Als alle energisch protestierten, ließ er die weitere Lesung jedoch zu.

Eine der Sekretärinnen kochte Tee, eine andere teilte einige Äpfel und ein paar belegte Brote, die sich manche Angestellte für die Mittagspause mitgebracht hatten. Viel zu wenig für all die Menschen unterm Dach.

Am Nachmittag bat Gollwitzer den Mann, der sie bewachte, er möge ihn in einer dringenden Angelegenheit mit dem leitenden Beamten sprechen lassen. Wider Erwarten verschwand der Bewacher und kehrte kurz darauf mit seinem Vorgesetzten zurück.

»Was wollen Sie?«, bellte dieser.

»Ich bitte Sie, mich gehen zu lassen, wenn gegen mich nichts vorliegt. Ich muss heute Abend einen Vortrag in Halle halten.«

In seiner Naivität glaubte Gollwitzer, dass es der Gestapo sicher unangenehm wäre, wenn wegen seines Nichterscheinens in Halle öffentliches Aufsehen erregt werden würde. Doch der Gestapo-Mann lächelte nur süffisant und verließ wortlos den Raum.

Nach und nach durften die anderen gehen. Nur Dr. Schmidt, Rott und Gollwitzer hielt man weiter fest, bis man sie am frühen Abend der Schutzpolizei überstellte. Die biederen Polizisten auf dem Revier waren wesentlich freundlicher, erlaubten den Gefangenen sich zu unterhalten und zu rauchen, während sie selbst Skat spielten. Schließlich durften auch Gollwitzers Gefährten gehen, nur er wurde weiter festgehalten. Um neun Uhr abends ließ man ihn dann endlich frei, und er begab sich gleich zum Dahlemer Pfarrhaus.

Zur späten Stunde war dort nur noch ein kleiner Kreis versammelt, um die Lage zu beraten und Else Niemöller Trost zu spenden. Otto Dibelius versuchte diskret, aber spürbar die Leitung zu übernehmen. Gollwitzer misstraute ihm von Anfang an. Er hielt ihn für einen Karrieristen, der nur deshalb bei der *Bekennenden Kirche* gelandet war, weil ihn die Nazis aufgrund des Arierparagraphen seiner Ämter enthoben hatten. Das konnte man nur als Ironie des Schicksals bezeichnen: Der bekennende Antisemit Dibelius, der am »Tag von Potsdam« die Festpredigt zur Einsetzung Hitlers gehalten und dessen Machtübernahme begrüßt hatte, war ausgerechnet am Arierparagraphen gescheitert. Es hatte ihm auch nicht geholfen, dass er gegenüber der Auslandspresse den Boykott der SA gegen jüdische Geschäfte verteidigt hatte: *Schließlich hat sich die Regierung genötigt gesehen, den Boykott jüdischer Geschäfte zu organisieren – in der richtigen Erkenntnis, dass durch die internationalen Verbindungen des Judentums die Auslandshetze dann am ehesten aufhören wird, wenn sie dem deutschen Judentum wirtschaftlich gefährlich wird. Das Ergebnis dieser ganzen Vorgänge wird ohne Zweifel eine Zurückdämmung des jüdischen Einflusses im öffentlichen Leben Deutschlands sein. Dagegen wird niemand im Ernst etwas einwenden können.*

Auf einmal drang von draußen Gesang an Helmut Gollwitzers Ohr und riss ihn aus seinen trübsinnigen Gedanken. Ein

Mädchenkreis der Dahlemer Gemeinde sang auf dem Vorplatz »Befiehl du deine Wege!«

Allen Anwesenden war das Lied vertraut, und doch hatte es sie noch nie so berührt wie an diesem Abend.

Am dritten Tag nach Niemöllers Verhaftung begannen in der St.-Annen-Kirche tägliche Fürbittgottesdienste der *Bekennenden Kirche.*

Helmut Gollwitzer predigte über einen Vers aus der Apostelgeschichte: *Und Petrus ward zwar im Gefängnis gehalten; aber die Gemeinde betete ohne Aufhören für ihn zu Gott.* Niemand ahnte an diesem Tag, dass diese Fürbitten acht Jahre anhalten sollten und dass die Zahl derer, für die man betete, ständig wachsen würde.

In diesen Tagen erkannte Gollwitzer, dass seine Realität nichts mehr mit der theoretischen Theologie seiner Studienjahre zu tun hatte. Predigttexte waren auf einmal keine schöngeistigen, eloquenten Ergüsse mehr, sondern vitaler Kommentar zum gegenwärtigen Leben. Das äußere Risiko der Verkündigung ließ ihn die Predigt als ein Geschehen erkennen, das in die Wirklichkeit eingreift und sie verändert.

Wenn Gollwitzer sprach, stieg die Zahl der Gottesdienstteilnehmer sprunghaft an, und bald erreichte er eine so große Beteiligung, wie sie vorher nur Niemöller gehabt hatte.

Diese Kanzelreden waren aber keineswegs flammende Anklagen gegen SA, SS und Gestapo, das hätte das Regime auch gar nicht zugelassen. Ein offener Aufruf zum Widerstand wie Bonhoeffers Satz *Nur wer für die Juden schreit, darf gregorianisch singen!* hätte das sofortige Ende bedeutet.

Gollwitzers Predigten waren vielmehr ein intelligentes Spiel mit Bibelauslegungen zu sorgfältig ausgewählten Themen. Es waren die Andeutungen, die Gleichnisse, das verdeutlichte Menschenbild, die alle wissen ließen, worum es ging. So konnten auch scheinbar unpolitische Predigten überaus politisch sein. Die Ohren der Gemeinde waren geschärft, denn in der Bedrängnis reichten oft kleine Anspielungen, um einen Bezug zur aktuellen Lage herzustellen. Ohne Mühe schlug jeder eine Brücke zu den Fragen und Ereignissen des Tages, ohne dass diese in der Predigt ausdrücklich genannt werden mussten.

Bereits am 19. Juli 1937, nicht einmal drei Wochen nach Martin Niemöller, wurde auch Helmut Gollwitzer verhaftet. Allerdings war der Grund dafür angeblich nicht die Verlesung der 111 Namen umfassenden Liste der Gemaßregelten und Verhafteten der *Bekennenden Kirche*, sondern der Vorwurf einer nach Nazi-Recht unrechtmäßigen Geldsammlung, nämlich die Durchführung einer Kollekte im Gottesdienst.

Zuerst brachte man ihn in das Polizeigefängnis am Alexanderplatz, am 24. Juli dann in die Lehrter Straße in das *Preußische Mustergefängnis Moabit*, eine besonders moderne Haftanstalt, zumindest zur Zeit ihrer Erbauung in den 1840er Jahren. Hier hauste Helmut Gollwitzer mit einem älteren Strafgefangenen zusammen. Erst nach einer Woche durfte er einen Brief nach draußen schreiben. Er wählte mit Bedacht als Empfänger Präsident Winzens, seinen Vermieter, damit dieser seine Wünsche und Informationen an verschiedene Personen weitergeben konnte. Ein wichtiges Anliegen war, dass man seine einlaufende Post umgehend an ihn ins Gefängnis weiterleiten möge, denn er wartete bereits sehnsüchtig auf die Verlags-Korrekturen seiner Dissertation. Vor allem aber bat er in diesem Brief um die Hilfsdienste von Fräulein Ida Beer, die ihm Folgendes bringen sollte:

1.) Meinen Schlafanzug, der in einem großen Koffer liegt; 2.) mein Rasierzeug (Rasiercreme, Pinsel, Stein und Klingen und Apparat; 3.) Strümpfe (im Waschtisch); 4.) Zahnpasta; 5.) meine Tiroler-Jacke (im Schrank); 6.) Schreibblock.

Dazu folgende Bücher: 1.) Thomas von Aquin: »Summa Theologica I« (ein dunkelblauer Band, liegt quer im Bücherregal); 2.) Kant (Reclambändchen, quer über den Büchern in der oberen Reihe); 3.) einer von den Calvin-Bänden, die oben auf dem Bücherregal stehen.

Gollwitzer wies noch dringlich darauf hin, dass von den Büchern die Umschläge entfernt und auch eventuell darin befindliche Zettel herausgenommen werden müssten, weil sie sonst nicht an die Gefangenen ausgehändigt würden.

Gegen Ende des Briefes äußerte er dann noch eine weitere Bitte an das Fräulein Ida: *Darum bitte ich auch dem Päckchen mit den gewünschten Sachen etwas Rauchzeug beizufügen, am liebsten sog. Stumpen, weil man hier rauchen darf.*

Am 19. August wurde Helmut Gollwitzer aus der Untersuchungshaft entlassen, im Herbst reiste er zu Dietrich Bonhoeffer in den Harz und im Dezember zu seinem Doktorvater Karl Barth nach Basel, wo er bis kurz vor Weihnachten blieb. Entgegen den Erwartungen vieler kehrte er nach Deutschland zurück.

Vergangenheit:

Der Physik-Führer

Seit 1925 unternahm Johannes Stark immer wieder Versuche, eine erneute Professur an einer deutschen Universität zu erlangen, doch er fand trotz seines Nobelpreises weder in Marburg noch in München noch an seiner alten Wirkungsstätte Würzburg die erforderliche Zustimmung. Sein Ruf als extrem schwierige Persönlichkeit stand ihm dabei ebenso im Weg wie seine Ausfälle gegen die vor allem von Einstein geprägte »jüdische Physik«. Durch diese Ablehnungen wuchs Jahr um Jahr die Liste derer, mit denen er gedachte, eines Tages abzurechnen. Überhaupt wurde »Abrechnung« zu einem der Lieblingswörter des Exzentrikers.

Als Ende Januar 1933 die Nationalsozialisten an die Macht kamen, gratulierte Stark umgehend Reichsinnenminister Frick, mit dem er seit einigen Jahren in München durch nationalsozialistische Kreise Kontakt hatte. Am 3. Februar schrieb Stark an seinen Nobelpreiskollegen Philipp Lenard, den geistigen Vater der »Deutschen Physik«:

Lieber Lenard!
Endlich ist die Zeit gekommen, da wir unsere Auffassung von Wissenschaft und Forschern zur Geltung bringen können. Ich habe gleich die Gelegenheit meines Glückwunschschreibens an Minister Frick, mit dem ich persönlich bekannt bin, benützt, ihn darauf hinzuweisen, dass Sie und ich ihm bei der Einflussnahme auf die ihm unterstellten wissenschaftlichen Institute gern unseren Rat zur Verfügung stellen werden ...

Das Angebot zur Mitarbeit wurde von den neuen Machthabern schnell angenommen. Am 1. April desselben Jahres ernannte Reichsminister Frick den Nobelpreisträger Johannes Stark zum Präsidenten der Physikalisch-Technischen Reichsanstalt in Berlin. Bei der Tagung der deutschen Physiker im September 1933 präsentierte sich Stark in seiner neuen Würde und ließ keine Zweifel aufkommen, wie er sein Amt zu gestalten gedachte. Wie der Führer Adolf Hitler nun Verantwortung für das deutsche Volk trug, so wolle er, Stark, die Verantwortung für die deutsche Physik übernehmen und als ihr Führer wirken. Unmissverständlich machte er klar, dass er gegen alle, die sich ihm in den Weg stellten, gnadenlos vorgehen würde. Im Nazi-Propaganda-Stil brüllte er: »*Und bist du nicht willig, so brauch ich Gewalt!*«

Dieser und andere lautstarke Auftritte brachten Johannes Stark den von Albert Einstein geprägten Spottnamen *Giovanni Fortissimo* ein.

Einen enormen Machtzuwachs erfuhr der selbsternannte »Physik-Führer«, als man ihn 1934 zum Präsidenten der »Notgemeinschaft der Deutschen Wissenschaft« ernannte. Später wurde diese in »Deutsche Forschungsgemeinschaft« umbenannt, weil es ja unter den neuen Machthabern in Deutschland keine Not mehr gab.

Nun hielt Johannes Stark die Verfügungsgewalt über immense Gelder in Händen. Diese hauptsächlich aus der Industrie stammenden Zuwendungen sollten eigentlich Wissenschaftlern bei ihren Forschungen helfen. Doch Stark verfolgte damit vor allem seine eigenen Ziele, nämlich die Finanzierung des Ausbaus »seiner« Physikalisch-Technischen Reichsanstalt. Großzügig mietete er Lager- und Bürogebäude sowie Fabriken und ließ dort Labore einrichten. In seiner sechsjährigen Amtszeit verhundertfachte er die Grundflächen der Laboratorien und schrieb später in seiner Autobiographie stolz: *Wahrhaftig, unter keinem Präsidenten vor* mir war die Anstalt so wie unter meiner Präsidentschaft vergrößert worden. Die Berechtigung meiner Berufung an die Spitze durch Minister Frick war erwiesen.

Die Quelle für Forschungsgelder aus Berlin sprudelte dagegen weniger ergiebig für die Wissenschaftler. Zum einen zweckentfremdete Stark die als Unterstützung für die Forscher gedachten Gelder und steckte sie in den Ausbau seiner Reichsanstalt. Zum anderen ließ er sich bei der Vergabe von Zuwendungen von seinen Vorlieben und Antipathien leiten und behandelte Themen, die ihn nicht interessierten, stiefmütterlich – vor allem, wenn sie ihm zu theorielastig, also seiner Ansicht nach »jüdisch« geprägt waren. Auch wenn neutrale Gutachter die entsprechenden Forschungsanträge positiv bewertet hatten, scheute er sich nicht, sie eigenhändig mit dem Vermerk »Präsident Stark verfügt Ablehnung!« zurückzuweisen.

Einen Höhepunkt erreichte der Kampf zwischen »jüdischer« und »deutscher Physik«, als 1936 Werner Heisenberg, einer der Väter der Quantenmechanik, in München einen Lehrstuhl erhalten sollte. Das wusste Stark mit Hilfe der NS-Propaganda zu verhindern, und er diffamierte dabei Heisenberg, Max Planck und Arnold Sommerfeld als »weiße Juden in der Wissenschaft«.

In Himmlers Wochenblatt »Das Schwarze Korps« führte er auch noch ein Jahr später seinen Feldzug gegen die »Judenzöglinge« fort, indem er den Artikel »Weiße Juden in der Wissenschaft« veranlasste und diesen selbst durch einen persönlichen Kommentar ergänzte.

SS-Zeitung »Das Schwarze Korps«, 15. Juli 1937:

Weiße Juden in der Wissenschaft
Es gibt eine primitive Art des Antisemitismus, die sich darauf beschränkt, den Juden an sich zu bekämpfen. Ihre Anhänger geben

sich damit zufrieden, dass ein klarer Trennungsstrich zwischen Deutschen und Juden gezogen ist. Sie meinen, das Problem sei gelöst, wenn einer Blutsvermischung Einhalt geboten wird und Juden am politischen, kulturellen und wirtschaftlichen Leben der Nation nicht mehr teilnehmen dürfen. Als totalste Lösung schwebt ihnen ein jüdischer Auszug nach Palästina oder sonst wohin vor. Der Augenblick, in dem Deutschland solcherart judenrein würde, müsste dann folgerichtig auch das Ende des Antisemitismus sein. Diese Anschauung ist zwar bestechend durch ihre Einfachheit, krankt aber an einem Denkfehler. Würden wir die Juden nach den alten, nicht einmal unverkennbaren Merkmalen der krummen Nasen und krausen Haare bekämpfen, so wäre dieser Kampf ein Kampf gegen Windmühlen. Die Tatsache aber, dass wir den jüdischen Einfluss auf die Politik und das kulturelle Leben bekämpfen mussten und den jüdischen Einfluss auf die deutsche Wirtschaft weiterhin bekämpfen müssen, beweist bereits, dass es nicht um die Juden »an sich« geht, sondern um den Geist oder Ungeist, den sie verbreiten, eben um das, was man Einfluss nennt. Es wird leider so sein, dass wir nach der idealen Lösung einer jüdischen Auswanderung immer noch gegen jüdische Einflüsse ankämpfen werden müssen und dass für einen aktiven Antisemitismus immer noch ein weites Betätigungsfeld verbleibt, selbst wenn es im ganzen Deutschen Reich keine einzige Krummnase gibt. Denn es ist leider so, dass die furchtbare Gefahr der Bejudung unseres öffentlichen Lebens und die Macht des jüdischen Einflusses, die der Nationalismus dämmen musste, nicht allein von dem zahlenmäßig schwachen Judentum getragen wurde, sondern in nicht geringerem Maße auch von solchen Menschen arischen Geblüts, die sich für den jüdischen Geist empfänglich zeigten und ihm hörig wurden. Der Sieg des rassischen Antisemitismus ist deshalb nur als Teilsieg zu werten. Wir dürfen uns nicht damit begnügen, auf der restlosen Durchführung der Nürnberger Gesetze zu bestehen und auf Lösung des noch offenen Problems »Juden in der Wirtschaft« zu dringen. Wir müssen auch den jüdischen

Geist ausrotten, der heute ungestörter denn je seine Blüten treiben kann, wenn seine Träger über die schönsten Ariernachweise verfügen. Denn nicht der Rassejude an sich ist uns gefährlich gewesen, sondern der Geist, den er verbreitete. Und ist der Träger dieses Geistes nicht Jude, sondern Deutscher, so muss er uns doppelt so bekämpfenswert sein als der Rassejude, der den Ursprung seines Geistes nicht verbergen kann.

Gesinnungsjuden
Der Volksmund hat für solche Bazillenträger die Bezeichnung »Weißer Jude« geprägt, die überaus treffend ist, weil sie den Begriff des Juden über das Rassische hinaus erweitert. Man könnte im gleichen Sinne auch von Geistesjuden, Gesinnungsjuden oder Charakterjuden sprechen. Sie haben den jüdischen Geist willfährig aufgenommen, weil es ihnen an eigenem mangelt. Sie sind Anbeter eines spitzfindigen Intellekts, weil ihnen natürliche Instinkte fehlen und jene charakterlichen Werte, die den Menschen zwingen, eigene Fähigkeiten zu entwickeln und sich nötigenfalls auf sie zu beschränken. Es gibt vor allem ein Gebiet, wo uns der jüdische Geist der »Weißen Juden« in Reinkultur entgegentritt und wo die geistige Verbundenheit der »Weißen Juden« mit jüdischen Vorbildern und Lehrmeistern stets einwandfrei nachzuweisen ist: die Wissenschaft [...]

Professor Dr. Stark schrieb uns dazu:
Der vorstehende Artikel ist in grundsätzlicher Hinsicht so treffend und vollständig, dass sich eigentlich eine Ergänzung erübrigt. Aber auf Einladung der Schriftleitung will ich noch folgende Bemerkung anfügen. Allgemein ist bekannt, dass die überwiegende Mehrzahl der Professoren an den deutschen Universitäten und Hochschulen in der Kampfzeit des Nationalsozialismus national schmählich versagt hat. Sie standen Hitler und seiner Bewegung verständnislos und zum Teil sogar ablehnend gegenüber; an mehreren Universitäten

kam es zu scharfen Konflikten zwischen der nationalsozialistisch gesinnten Studentenschaft und der mit dem schwarzroten System verbundenen Professorenschaft. Mit Recht hat der Reichsminister Rust im Jahre 1933 in dieser Hinsicht der Berliner Professorenschaft bittere Worte gesagt. Der entscheidende Grund für das politische Versagen der Mehrheit der deutschen Professoren in dem nationalsozialistischen Ringen um die deutsche Freiheit war der beherrschende jüdische Einfluss an den deutschen Universitäten. Er hatte nicht allein darin seine Stärke, dass in zahlreichen Fakultäten zehn bis dreißig Prozent der Dozenten jüdisch oder jüdisch versippt waren, sondern vor allem auch darin, dass die Juden die Unterstützung von arischen Judengenossen und Judenzöglingen hatten. Der politische Einfluss des jüdischen Geistes an den Universitäten war offenkundig; weniger offenkundig, aber ebenso schädlich war sein Einfluss in wissenschaftlicher Hinsicht, indem er die auf die Wirklichkeit eingestellte germanische Forschung durch den jüdischen Intellektualismus, dogmatischen Formalismus und propagandistischen Geschäftsbetrieb lähmte und die Studentenschaft sowie vor allem den akademischen Nachwuchs zu jüdischer Denkweise zu erziehen suchte.

Die Taktik wechselte
Nun mussten zwar die rassejüdischen Dozenten und Assistenten im Jahre 1933 aus ihren Stellungen ausscheiden; auch werden gegenwärtig die arischen Professoren, die mit Jüdinnen verheiratet sind, abgebaut; aber die große Zahl der arischen Judengenossen und Judenzöglinge, welche früher offen oder versteckt die jüdische Macht in der deutschen Wissenschaft stützten, sind in ihrer Stellung geblieben und halten den Einfluss des jüdischen Geistes an den deutschen Universitäten aufrecht. Während sie noch bis zur Wahl des Führers zum Reichspräsidenten in ihrer Weltfremdheit mit einem baldigen Ende der nationalsozialistischen Regierung rechneten und sich darum einer öffentlichen Kundgebung für den

Führer versagten, haben sie seit zwei Jahren ihre Taktik geändert; sie gebärden sich nämlich nunmehr äußerlich als national, frühere Pazifisten drängen sich zum Militärdienst, Judenzöglinge, die zahlreiche wissenschaftliche Arbeiten zusammen mit in- und ausländischen Juden veröffentlicht und noch 1929 an Kongressen von Sowjetjuden teilgenommen haben, suchen Verbindung mit Dienststellen von Partei und Staat. Außer mit ihrer nationalen oder sogar nationalsozialistischen Bestätigung suchen sie noch mit folgenden Argumenten Einfluss auf maßgebende Stellen zu gewinnen: Als wissenschaftliche Fachleute seien sie und ihre Kandidaten für die Durchführung des Vierjahresplanes unentbehrlich; zudem seien sie von dem Ausland als große deutsche Wissenschaftler anerkannt und müssten darum im Interesse des Ansehens der deutschen Wissenschaft den maßgebenden Einfluss in dieser haben. Bei diesem Bluff glauben sie damit rechnen zu können, dass die maßgebenden Stellen nicht darüber unterrichtet sind, dass ihre »Berühmtheit« im Ausland eine aufgeblasene Folgeerscheinung der Zusammenarbeit mit ausländischen Juden und Judengenossen ist. Bezeichnend für die Fortdauer des jüdischen Einflusses in den deutschen akademischen Kreisen sind folgende Tatsachen: Vor noch nicht langer Zeit hat mir ein einflussreicher deutscher Mediziner erklärt: »Eine medizinische Wissenschaft ohne Juden kann ich mir überhaupt nicht denken.«

Neue jüdische Sintflut
Die naturwissenschaftliche Fakultät einer großen Universität hat kürzlich für einen Lehrstuhl drei Judenzöglinge in Vorschlag gebracht, von denen zwei zahlreiche wissenschaftliche Arbeiten zusammen mit in- und ausländischen Juden veröffentlicht haben. Der wissenschaftliche Büchermarkt in Deutschland wird neuerdings wieder, vor allem in der Physik, mit Büchern aus der Feder in- und ausländischer Juden und Judenzöglinge überschwemmt unter besonderer Beteiligung der früher volljüdischen, heute angeblich

zu fünfzig Prozent arischen Verlagsfirma Julius Springer in Berlin und Wien.

Während der Einfluss des jüdischen Geistes auf die deutsche Presse, Literatur und Kunst sowie auf das deutsche Rechtsleben ausgeschaltet worden ist, hat er in der deutschen Wissenschaft an den Universitäten seine Verteidiger und Fortsetzer in den arischen Judengenossen und Judenzöglingen gefunden; hinter der Kulisse der wissenschaftlichen Sachlichkeit und unter Berufung auf die internationale Anerkennung wirkt er ungeschwächt weiter und sucht seine Herrschaft sogar durch eine taktische Einflussnahme auf maßgebende Stellen zu sichern und zu stärken.

Bei dieser Lage ist es ein großes Verdienst des »Schwarzen Korps«, dass es durch seine mutigen, grundsätzlich wichtigen Ausführungen die öffentliche Aufmerksamkeit auf die Schädigung lenkt, von welcher ein Teil des deutschen Geisteslebens und die Erziehung der akademischen Jugend von Seiten der »Weißen Juden« bedroht ist.

Doch der Stern von Johannes Stark war bereits im Sinken. Das lag nur zum Teil an seiner extremen Persönlichkeit, hauptsächlich aber daran, dass er trotz seiner praxisorientierten Ausrichtung keine kriegstauglichen Forschungen vorweisen konnte. Denn seine Gegner mochten zwar keine »deutsche Physik« betreiben, ihre »jüdischen« Ansatzpunkte in der Atomforschung versprachen aber immerhin die Aussicht auf »Wunderwaffen« für die Wehrmacht.

Die schwindende Unterstützung seitens der Machthaber bekam Stark auch anlässlich des 50-jährigen Jubiläums der Physikalisch-Technischen Reichsanstalt im Herbst 1937 zu spüren. Als deren Präsident plante er mit seinen Mitarbeitern eine große Feier, über deren Programm er später in seinen Memoiren schrieb: *Es wurde als Eröffnung Wagners Einzug der Götter in Walhall vorgesehen. Dann sollte meine feierliche Ansprache kommen, dann die des Ministers Rust, dann der schönste Satz aus*

Beethovens vierter Sinfonie, dann mein großer Bericht über die vergangenen fünfzig Jahre und darauf die Ansprachen von aus- und inländischen Vertretern folgen. Dieses Programm wurde auch durchgeführt. Rust sprach forsch und ahnungslos ...

Danach bedauerte Stark in seinen Erinnerungen, dass außer Rust kein weiterer Minister und auch kein Vertreter der Reichskanzlei erschienen war.

Ausgerechnet nur dieser Minister für Wissenschaft, Erziehung und Volksbildung Bernhard Rust, den Johannes Stark verachtete als *eitlen, kleinen Studienrat für Neuphilologie, der von wissenschaftlicher Forschung gar keine Ahnung hatte und über sie nicht mitreden konnte.*

Dabei hatte er doch Adolf Hitler zu diesem Jubiläum *geziemend* eingeladen, ebenso wie alle anderen Minister. Von diesen sagten der Reichsinnenminister Frick, der Reichsfinanzminister Graf Schwerin-Krosigk und der Reichsjustizminister Gürtner zwar zu, zogen aber ihre Zusage später zurück. Auch aus der Reichskanzlei traf eine lapidare Absage ein. Kurz vor der Feier erreichte den Veranstalter noch die telegraphische Zurücknahme der Zusage des obersten Autobahnbauers Fritz Todt, Generalinspekteur für das deutsche Straßenwesen. Stark hatte ihn wenige Monate vorher für seine wissenschaftlichen Verdienste mit dem Werner-von-Siemens-Ring ausgezeichnet, so dass ihm dieser offensichtliche Affront völlig unverständlich blieb.

Johannes Stark setzte bei den Machtkämpfen innerhalb des Nazi-Apparats auf Alfred Rosenberg, den er zum Schirmherrn und Ehrenpräsidenten der Deutschen Forschungsgemeinschaft berufen hatte. Dabei übersah er die Verschiebung innerhalb des nationalsozialistischen Machtkartells im Wissenschaftsbereich zugunsten der Achse Göring-Himmler und die stetig wachsende Macht des Heereswaffenamtes über Forschung und Industrie.

Granaten und Raketen waren nun interessanter als der nobelpreisgekrönte »Stark-Effekt«.

Starks Position wurde zusehends schwächer, seine Mittel für die Reichsanstalt knapper. Als er dann auch noch versuchte, ein Verfahren zu entwickeln, die Goldgewinnung aus dem Moor rentabel zu machen, begab er sich vollends ins Abseits. Die Versetzung in den Altersruhestand im Jahr 1939 bewahrte den Nobelpreisträger vor einem unrühmlichen Abgang. Dennoch blieb er mit Vorträgen und Publikationen weiterhin aktiv, wobei sein Hauptanliegen nach wie vor der Kampf gegen die verhasste theoretische »Jüdische Physik« war.

Vergangenheit:

In der Hauptstadt des Untergangs

Das Frühjahr 1938 stand in der Dahlemer Gemeinde ganz im Zeichen des mit Spannung erwarteten Prozesses von Martin Niemöller vor einem Sondergericht in Berlin-Moabit. Die Nazis wollten ihn vor aller Öffentlichkeit als Staatsfeind verurteilen und so die gesamte *Bekennende Kirche* kriminalisieren. Schließlich wurde Niemöller lediglich zu sieben Monaten Haft verurteilt, die er durch die Untersuchungshaft bereits verbüßt hatte. Doch die Freude und Erleichterung über die wiedergewonnene Freiheit währten nur kurz. Bereits am Ausgang des Gerichtsgebäudes wurde der Theologe erneut von der Gestapo verhaftet und als »persönlicher Gefangener« Adolf Hitlers ins Konzentrationslager Sachsenhausen gebracht. Niemöllers geplante baldige Hinrichtung verhinderte der britische Lordbischof George Kennedy Allen Bell, indem er die Weltpresse über den Fall informierte.

Helmut Gollwitzer stürzte sich nach diesem neuerlichen Schlag gegen die *Bekennende Kirche* mehr denn je in die Gemeindearbeit. Das wurde vom Dahlemer Kirchenrat jedoch nicht gern gesehen. Obwohl Niemöller selbst Gollwitzer als seinen Nachfolger sah, entschied sich der Gemeindekirchenrat für Walter Dreß, den Schwager von Dietrich Bonhoeffer. Gollwitzer war den konservativen Kräften wohl zu politisch und auch zu charismatisch. Doch die Bekenntnisgemeinde akzeptierte die Entscheidung ihres Kirchenrates nicht und beschloss, Gollwitzer auf eigene Kosten anzustellen. Das führte naturgemäß zu erheblichen Spannungen und Auseinandersetzungen. Am 31. August 1938 rügte Pfarrer Eberhard Röhricht, Vorsitzender des

Gemeindekirchenrates, den unerwünschten Theologen schriftlich: *Sie besitzen keinerlei Auftrag der Gemeinde außer der Begleitung des 2. Jahrgangs von Niemöllers Konfirmanden. Trotzdem haben Sie eine immer weiterführende Arbeit der Gemeinde mit Gottesdiensten, Annahme neuer Konfirmanden, Konfirmiertenabenden, Amtshandlungen usw. begonnen. Das widerspricht direkt den Absichten und Beschlüssen des Gemeindekirchenrates.*

Dennoch spalteten Gollwitzers Aktivitäten die Gemeinde nicht, er durfte jedoch sonntags zu den Hauptgottesdiensten die Kanzel nicht betreten. Das führte dazu, dass er in Kirchen außerhalb von Dahlem predigte und so »Pilgerströme« von Gläubigen auslöste, die ihn hören wollten.

Kraft und viel Freude fand Helmut Gollwitzer immer wieder in der *Singbewegung*, der er schon früh angehörte. Bereits als Jugendlicher entdeckte er seine Liebe zu Volksliedern, die er durch die »Bodensee-Pfarrhaus-Freundschaft« zwischen Lindau und Bregenz kennenlernte. Denn am österreichischen Ufer war der Sohn des berühmten Liedersammlers Josef Pommer als evangelischer Pfarrer tätig. Dessen Sohn Wolfgang wiederum war ein Jugendfreund von Helmut, der später eines der wenigen Mitglieder der *Bekennenden Kirche* in Österreich wurde.

»Das neue Singen« bereitete Helmut Gollwitzer große Freude, ebenso wie seinem Cousin Wilhelm Benedikt, der in der kleinen oberpfälzischen Gemeinde Erbendorf als Lehrer und Organist tätig war. Dieser hatte seine spätere Ehefrau Lore ebenso auf einer »Singfreizeit« kennengelernt wie die Geschwister Ilse und Erika Friedeberg aus Berlin, die wiederum Helmut durch seine Predigten in Dahlem kannten.

Im Sommer 1938 besuchten die beiden Freundinnen das inzwischen verheiratete Lehrerehepaar im evangelischen Schulhaus in der Oberpfalz, das allerdings schon einige Zeit wegen der dort stattfindenden »Cembalo-Abende« nazikritischer Geister unter Beobachtung stand. Der Besuch der Judenchristinnen brachte

Wilhelm Benedikt Gollwitzer in erhebliche Schwierigkeiten. Er wies Ilse und Erika darauf hin, dass im Unterschied zur Reichshauptstadt die offene Verfolgung von Juden und Judenchristen auf dem Land gang und gäbe sei, und bat die Freundinnen um ihrer selbst und seiner Familie willen bald wieder abzureisen. Am nächsten Morgen schlichen sich die beiden jungen Frauen durch die Hintertür und eine Scheune davon zum Bahnhof. Wilhelm Benedikt ließ sich kurz darauf ins Lungensanatorium Hausstein im Bayerischen Wald einweisen, um seinen Widersachern vor Ort keine weiteren Angriffspunkte zu geben.

Helmut Gollwitzer half im September 1938 bei der Gründung des »Büros Grüber«, einer von Pastor Heinrich Grüber initiierten Einrichtung der *Bekennenden Kirche*, die im Lauf der Zeit zur wichtigsten, zuerst legalen, dann illegalen, Fluchthilfe-Organisation im Deutschen Reich wurde. Die Reichsstelle für das Auswanderungswesen registrierte das Büro offiziell als „Hilfsstelle für nichtarische Christen". Grüber, Sohn einer niederländischen Mutter, durfte bis unmittelbar vor Kriegsausbruch Reisen nach Holland, in die Schweiz und nach England unternehmen. Das Engagement direkt vor Ort war notwendig, denn die Juden und Judenchristen brauchten zur Ausreise vor allem Arbeitsmöglichkeiten im Ausland, und die versuchte ihnen Grüber mit seinen guten Kontakten zu besorgen. Für Menschen, die für die Emigration zu alt oder zu arm waren und so in Deutschland bleiben mussten, sorgte Grüber mit der Wohlfahrts- und Seelsorgeabteilung des Büros.

Im Dezember 1940 wurde das »Büro Grüber« von der Gestapo geschlossen und seine Mitarbeiter ins Konzentrationslager verschleppt.

Aus der Oberpfalz zurückgekehrt, wandten sich Ilse und Erika Friedeberg mit der Bitte an Helmut Gollwitzer, ihnen bei ihrer

Auswanderung zu helfen. Bereits seit dem Frühjahr 1938 war er in diesen Vermittlungs-Angelegenheiten ein unermüdlicher Briefeschreiber, und die Aufgabe wurde von Monat zu Monat schwieriger. Die Schweiz zum Beispiel hatte von der deutschen Regierung verlangt, dass alle Reisepässe von Juden mit einem J gestempelt würden, damit diese an der Grenze gleich wieder zurückgewiesen werden konnten.

Andere Länder hatten Einreisekontingente festgesetzt und forderten einen Nachweis, dass die Flüchtlinge finanziell abgesichert waren und nicht dem Auswanderungsland zur Last fallen würden. Aus dem Reich durften aber weder Geld noch Wertsachen mitgenommen werden.

Im November 1938 verloren alle, die noch glaubten, dass es mit der Verfolgung der Juden doch nicht so schlimm werden würde, die letzte Hoffnung: Die *Reichskristallnacht* offenbarte den Menschen, die sehen konnten und wollten, was die Stunde in Deutschland wirklich geschlagen hatte. Die Brandschatzung der Synagogen, die Zerstörung jüdischer Geschäfte und die Verschleppung unschuldiger Mitbürger waren deutliche Zeichen dafür, dass dies der Beginn der so genannten *Endlösung der Judenfrage* war.

Helmut Gollwitzer war einer der wenigen deutschen Pfarrer, die es wagten, in ihrer Gemeinde öffentlich das himmelschreiende Unrecht der Pogromnacht anzuprangern.

Wer soll denn heute noch predigen? Wer soll denn heute noch Buße predigen? Ist uns nicht allen der Mund gestopft an diesem Tag? Können wir heute noch etwas anderes, als nur schweigen?

Helmut Gollwitzer machte in dieser Kanzelrede den Zuhörern klar, dass er eigentlich gar nicht zu ihnen sprechen mochte, dass er nur predigte, weil die Pflicht es von ihm verlangte. Denn aus seiner Sicht hatten die Christen in der Pogromnacht versagt, weil sie sich nicht schützend vor ihre jüdischen Mitbürger

gestellt hatten. Er geißelte das Verhalten der Wegseher und Ignoranten mit den Worten: *Würde der Täufer Johannes heute den gleichen Ruf erheben, so würde er wahrscheinlich als Landesverräter verschrien werden, und sicher würde sich in der evangelischen Kirche eine Einheitsfront finden, die ihn als Volksschädling und als Schädling der Kirche verurteilt und die Beziehungen zu ihm abbricht ...*
Noch viele Jahre nach dem Ende der Nazi-Diktatur wurde er immer wieder auf seine Bußtagspredigt vom 16. November 1938 angesprochen.

Mehr denn je war nun Helmut Gollwitzers Hilfe bei der Emigration der Verfolgten und Bedrängten gefragt. Im Fall der Schwestern Friedeberg gelang Helmut Gollwitzer eine Vermittlung der beiden nach England, und Ostern 1939 konnten sie Deutschland endlich verlassen.

Er und auch Wilhelm Benedikt Gollwitzer blieben mit ihnen ein Leben lang herzlich verbunden, und als im September 1948 Wilhelms Tochter Friederike zur Welt kam, wurden Ilse und Erika ihre Patentanten – lebendiges Zeichen des Dankes und der Versöhnung.

Ein weiterer Meilenstein der Predigten von Helmut Gollwitzer war seine Kanzelrede nach Unterzeichnung des Nichtangriffspaktes von Hitler und Stalin im August 1939. Er hatte ein Zitat aus dem Lukas-Evangelium gewählt, um die »Bruderschaft der Antichristen« anzuprangern: *Auf den Tag wurden Pilatus und Herodes Freunde miteinander, denn zuvor waren sie einander fremd.*
Der Gegenwartsbezug zu Hitler und Stalin war jedem Anwesenden klar, auch einem bedeutenden Wehrmachtsgeneral, der wegen seines Neffen, eines Dahlemer Konfirmanden, gekommen war und der nach dem Gottesdienst forderte, dass

man solch staatsfeindliche Predigten nicht mehr länger dulden sollte.

Leider war die offizielle Kirche auf der Seite der Nazis und versuchte deren Politik »religiös« zu unterstützen. Die faschistische Gruppe der *Deutschen Christen* hatte bei den Kirchenwahlen nach Hitlers Machtergreifung einen erdrutschartigen Sieg verbuchen können und beherrschte fast alle Landeskirchen mit Zweidrittelmehrheit. Bereits im September 1933 hatte die jetzt *Kirchenbewegung deutsche Christen* genannte Organisation ein Kirchengesetz mit eigenen Arierparagraphen geschaffen. Im Herbst 1939 wurde auf Veranlassung des »Geistlichen Vertrauensrates der Deutschen Evangelischen Kirche« folgendes Gebet zum Erntedankfest und zum Polenfeldzug in den Gemeinden verlesen:

In tiefer Demut und Dankbarkeit
beugen wir uns am heutigen Erntedankfest
vor der Güte und Freundlichkeit unseres Gottes.
Wieder hat er Flur und Feld gesegnet,
dass wir eine reiche Ernte
in den Scheunen bergen durften;
wieder hat er seine Verheißung
an uns wahr gemacht,
dass er uns Speise geben wird zu seiner Zeit.

Aber der Gott,
der die Geschichte der Völker lenkt,
hat unser deutsches Volk
in diesem Jahr noch mit einer anderen,
nicht weniger reichen Ernte gesegnet.
Der Kampf auf den polnischen Schlachtfeldern ist beendet.
Wir danken ihm,
dass er unsern Waffen

einen schnellen Sieg gegeben hat.
Wir danken ihm,
dass uralter deutscher Boden
zum Vaterland heimkehren durfte …
Wir danken ihm,
dass jahrhundertealtes Unrecht
durch das Geschenk seiner Gnade zerbrochen
und die Bahn freigemacht ist
für eine neue Ordnung der Völker,
für einen Frieden der Ehre und Gerechtigkeit …
Wir loben dich droben,
du Lenker der Schlachten,
und flehen,
mögst stehen uns fernerhin bei.

Im Winter 1939/1940 erhielt Helmut Gollwitzer eine Einladung von Generaloberst Ludwig Beck zu einem vertraulichen Gespräch zusammen mit Generaloberst Kurt von Hammerstein-Equord. Sie baten den Theologen um Rat in einem äußerst schwierigen Gewissenskonflikt: die moralische Legitimation von Tyrannenmord.

Beide hatten einen Eid auf den Führer geleistet und nahmen jenen als Christen ernst. Nun wollten die Generäle wissen, wie man in den Kreisen der *Bekennenden Kirche* über ein Attentat auf Hitler dachte. Gollwitzer meinte, dass man sich auch hier nicht einig war, ob eine solche Tat zu rechtfertigen sei. Die Gegner einer gewaltsamen Aktion beriefen sich auf den Römerbrief von Paulus: *Denn es ist keine Obrigkeit ohne von Gott; wo aber Obrigkeit ist, da ist sie von Gott verordnet.* Die Befürworter argumentierten, dass es in besonderen Situationen eine Pflicht gebe, die höher einzuschätzen sei, und deshalb die Anwendung von Gewalt gegen eine verbrecherische Staatsführung quasi der Kampf für die rechte Obrigkeit sei.

Von Hammerstein-Equord reagierte erleichtert, und etwas sarkastisch antwortete er, dass es ein Glück sei, dass allmählich auch die Theologen begännen, ihre Prinzipien der Wirklichkeit anzupassen. Generaloberst Beck hatte da noch mehr Hemmungen und sah in der lutherischen Position der gottgegebenen Obrigkeit die sittliche Grundlage der altpreußischen Staatsgesinnung, die man nicht so einfach über Bord werfen durfte. Doch was Hitler anlangte, war auch er der Ansicht, dass hier die Grenze erreicht sei. Nach dem Abschied von Helmut Gollwitzer eilte er ihm noch bis an die Gartentür nach und flüsterte ihm eindringlich zu: »Ich kenne Hitler und weiß, dass er ein Verbrecher ist, wie die Erde wenige gesehen hat. Wer etwas gegen ihn unternimmt, hat das Recht auf seiner Seite.«

Obwohl Kurt von Hammerstein-Equord in den Ruhestand versetzt worden war, blieb er mit dem Widerstand in Verbindung. Im April 1943 verstarb er in Berlin, wurde aber auf dem Familienfriedhof im niedersächsischen Steinhorst beigesetzt. Damit umgingen die Angehörigen eine Beerdigung auf dem Invalidenfriedhof, da dies bedeutet hätte, dass der Sarg mit der Hakenkreuzflagge bedeckt worden wäre. Hitler ließ einen Kranz mit Schleife schicken, der jedoch von der Familie in der U-Bahn »vergessen« wurde. Zwei Söhne des Generalobersts, Kunrat und Ludwig, waren aktiv in den Putschversuch gegen Hitler vom 20. Juli 1944 verwickelt, entkamen aber der Verfolgung dadurch, dass sie als Fahnenflüchtige untertauchten.

Generaloberst Ludwig Beck, der von den Widerständlern des 20. Juli als neues Staatsoberhaupt vorgesehen war, bat nach dem gescheiterten Attentat seine Häscher um die Möglichkeit, sich selbst zu töten. So entging er Freislers Demütigungen vor dem Volksgerichtshof.

Helmut Gollwitzer engagierte sich nach der Winterbegegnung mit den beiden Generälen weiter für die Dahlemer Gemeinde ebenso wie für Menschen, die Deutschland verlassen wollten und mussten. Schließlich wurde ihm 1940 Reichsredeverbot erteilt.

Aus einem Rundschreiben an den »Verteiler III« der Geheimen Staatspolizei, Staatspolizeileitstelle Düsseldorf vom 20. September:

Ich ersuche, hinsichtlich der nachstehend aufgeführten Personen das jeweils Erforderliche zu veranlassen [...] 5. Gollwitzer, Helmut, evgl. Pfarrer, geb. am 29. 12. 1908 in Pappenheim, in Berlin-Dahlem, Auf dem Gral[t] 14, hat Aufenthaltsverbot für die Stadt Berlin und Reichsredeverbot. Sofern G. dort zuziehen oder sonstwie hervortreten sollte, Bericht vorlegen. Jedes Auftreten verhindern.

Daraufhin zog sich Helmut Gollwitzer in die Gartenlaube eines Freundes in Kladow an der Stadtgrenze zurück, betrat aber trotz des Verbots immer wieder Berliner Boden. Eine Mitarbeiterin des *Büros Grüber* erinnerte sich an einen Besuch im Gartenhaus: *Wovon er sich ernährte, wissen die Götter. Als ich ihn einmal dort aufsuchte, hatte er gerade den Garten nach Pilzen abgegrast und die gegessen und behauptet, er wisse genau, welche giftig wären und welche nicht. Und nun saß er allein auf einem Stuhl im Garten und blies auf einer Mundharmonika.*

Am 5. Dezember 1940 erhielt Helmut Gollwitzer seine Einberufung zur Wehrmacht, zuerst nach Potsdam, danach wurde er nach Frankreich versetzt. Sein Weg sollte ihn später in die Weiten Russlands und in die Enge der Lager führen.

Epilog

Begonnen hatte »Die Spur der Ahnen« mit einem alten, braunen Kuvert mit der Aufschrift »Karl« und einem Typoskript, nach mehreren Jahren füllten Arnos Recherchen ein Bücherbord und einen Datenträger mit 193 Ordern und über zweitausend Dateien. Immer wieder stieß er bei den Nachforschungen auf packende Schicksale und Geschichten. Viele der entdeckten Personen boten genug Stoff, um ihr Leben in einem Roman zu erzählen. Arno musste die für ihn schmerzliche Entscheidung des Weglassens treffen. Über den einen oder die andere, die in den erzählten Geschichten zu kurz gekommen sind, sei hier noch etwas mehr gesagt und bei einigen der Hauptakteure ergänzt, was aus ihnen nach 1940 geworden ist.

Johannes Stark wurde Ende Juni 1945 auf Anordnung der *Police of the Military Government* in Haft genommen. Die Wochen im Gefängnis nutzte er, seine Autobiografie »Erinnerungen eines deutschen Naturforschers« zu schreiben. 1947 musste sich Stark in Traunstein dem Spruchkammerverfahren unterziehen, bei dem er mit Max von Laue, Werner Heisenberg und Arnold Sommerfeld mehrere Spitzenphysiker als Zeugen gegen sich hatte. Auch Albert Einstein war um eine Einschätzung gebeten worden und bezeichnete Johannes Stark als paranoide Persönlichkeit. Das Gericht stufte den Nobelpreisträger als Hauptschuldigen ein und verurteilte ihn zu vier Jahren Arbeitslager. In der Berufungsverhandlung, welche zwei Jahre später stattfand, sah man ihn jedoch nur noch als Mitläufer an und reduzierte die Strafe auf tausend Mark Geldbuße. Stark verbrachte seinen Lebensabend auf dem von ihm gegründeten Hof in Eppenstatt im Kreis seiner Familie und verstarb am 21. Juni 1957. Seine Frau sagte über ihn: »Er war der ehrlichste und treueste Deutsche«, und sein Sohn Hans schrieb 1964: »Sein Genius, sein Idealismus und ganz besonders seine unbeugsame, oft sicher unbequeme Wahrheitsliebe und Geradheit wurden allzu oft verkannt.«

Heute ist Johannes Stark ein weitgehend vergessener, besser verdrängter Nobelpreisträger. Selbst im »Einstein-Jahr« 2005 fand man weder in den entsprechenden Artikeln noch in den zahlreichen Fernseh-Dokumentationen einen Hinweis auf die elementare Auseinandersetzung der 1920er und 1930er Jahre zwischen »Arischer Physik« und »Theoretischer Physik«, und der Streit ihrer beiden Exponenten Stark und Einstein wurde einfach ignoriert. In der öffentlichen Wahrnehmung ist der einstige Vorzeige-Wissenschaftler heute eine Nischenexistenz, der man nur noch in der näheren Heimat und an den ehemaligen universitären Wirkungsstätten Aufmerksamkeit schenkt.

Dr. Gertrud Benker schrieb in ihrem Buch »Heimat Oberpfalz« von 1965 unter »Große Oberpfälzer«: »Stellvertretend für eine große Reihe berühmter Oberpfälzer Naturwissenschaftler, die in den ›Acta Albertina‹ 1963 behandelt sind, kann der einzige oberpfälzische Nobelpreisträger wegen seiner geistigen und sittlichen Haltung als vorbildlich für die Jugend gelten.«

In der Ausgabe von 1981 fehlt dann der Hinweis auf das Vorbild für die Jugend.

Auf den Webseiten von Starks Heimatgemeinde Freihung wird berichtet:
»Am 29. August 1964 ehrte die Gemeinde Thansüß, zu der der Weiler Schickenhof gehörte, ihren großen Sohn durch die Enthüllung einer Gedenktafel an seinem Geburtshaus.«

Neben seinem Geburtsort Thansüß haben auch die Städte Amberg und Weiden sowie der Markt Hahnbach Straßen nach Johannes Stark benannt.

In Greifswald stimmten nicht alle zu, als man dort eine weitere Gedenktafel für den Nobelpreisträger anbrachte. Im Januar 2008 gab es studentische Aktivitäten gegen die unkritische Würdigung von Johannes Stark an der Universität, an der er einst lehrte:

Gleich zwei Ehrentafeln an Gebäuden der Universität Greifswald würdigen die wissenschaftlichen Verdienste des Physikers, Hinweise auf seine Rolle im Nationalsozialismus und auf seinen aggressiven Antisemitismus sucht man hingegen vergebens. Am alten Physikalischen Institut war bereits 1957, wenige Monate nach dem Tod des Physikers, eine Gedenktafel angebracht worden. Im Mai 2007 bezogen die Greifswalder Physiker ein neues Institutsgebäude, in dessen Eingangshalle eine weitere Tafel angebracht wurde, auf der Johannes Stark als herausragender Forscher geehrt wird.

Wir widersetzen uns einer einseitigen und unkritischen Würdigung Starks, die seine politische Verantwortung im Nationalsozialismus ausblendet: Johannes Stark steht mit seinem Denken und Handeln für Destruktives und Nationalismus, für Antisemitismus und politischen Wahn. Und das fing nicht erst 1933 an und hörte nicht einfach 1945 auf. Wer wie Stark in der Blütezeit seines Lebens lauthals von »Arischer Physik« und »zersetzender Ausländerei« träumt und im Nationalsozialismus und in der Diktatur eine Heilung des kranken Körpers und Blutes sieht, sollte im Jahre 2007 an einer weltoffenen und an internationalen Kontakten interessierten Uni nicht einzig mit seiner experimentellen Forschung und seinem Nobelpreis glänzen. Vorbilder sehen für uns anders aus.

* * *

Bei aller Freude über Helmuts Theologiestudium schmerzte es Wilhelm Gollwitzer, dass sein Sohn ausgerechnet bei Karl Barth studierte. Immer wieder brachte er sein Unverständnis dafür zum Ausdruck: »Der ist ein Calvinist, der uns Lutheraner doch gar nichts angeht.«

Ab der Pubertät setzten die aufsässigen Kinder dem deutschnationalen, konservativen Vater mit ihren aufmüpfigen Ansichten in Glaubensfragen und Politik zu. Das verschärfte sich noch durch deren jugendbewegten Lebensstil, der den Eltern fremd und sogar anstößig erschien. Lediglich das Nesthäkchen Uwe, der 1920 geborene Nachzügler, stand außerhalb des widerspenstigen Kreises der älteren Geschwister, und das machte ihn umso mehr zum Liebling des Vaters.

In der Gemeinde in Reutin wuchsen in den 1930er Jahren die Schwierigkeiten, und so fielen Wilhelm Gollwitzer der Abschied in den Ruhestand und der Umzug nach München leicht. Er starb in den ersten Kriegstagen 1939. Kurz vor seinem Tod sagte er zu seiner Frau Barbara: »Ach, dieser Krieg, dieser Krieg!« Als sie nachfragte, worüber er sich Sorgen machte, antwortete er: »Nein, nicht dieser Krieg da draußen, der Kirchenkrieg, wie wird es mit der Kirche weitergehen?«

Ihm blieb zumindest die schlimme Nachricht erspart, dass sein Lieblingskind Uwe im Juli 1941 in Russland gefallen war. Die Geschwister traf dies hart, war doch der Jüngste für sie alle immer »das Kind« in der Familie gewesen, und nun war ausgerechnet er als Erster von ihnen gegangen.

In der Zeit des Dritten Reichs und auch danach gingen die Schwestern und Brüder unterschiedlichste Wege, jede und jeder fand für sich seine Interessennische, jedoch blieben sie einander und mit der Mutter innig verbunden. Barbara Gollwitzer überlebte ihren Mann um fast vierzig Jahre, holte nach, was sie sich als Haus- und Pfarrfrau hatte versagen müssen, und studierte Theologie, wobei sie sich intensiv der Schriftauslegung widmete.

Es erschütterte sie, dass ihre Tochter Ingeborg zum Katholizismus konvertierte, und auch Gerhard, der älteste Sohn, befremdete sie durch seine leidenschaftliche Hinwendung zum Mystiker Swedenborg, über den er mehrere Bücher verfasste, die halfen, diesbezügliche Missverständnisse und Vorurteile abzubauen. Barbara Gollwitzer tröstete sich damit, dass Gerhard als Kunstprofessor in Stuttgart überregionale Anerkennung fand. Noch mehr freute sie, dass er ihr als einziges ihrer sechs Kinder Enkel geschenkt hatte. Gerhard und Helmut Gollwitzer setzten mit ihrem Engagement Akzente im Nachkriegsdeutschland bei der Entwicklung der jungen Republik. Helmut sprach gemeinsam mit Gustav Heinemann in der Frankfurter Paulskirche gegen die Wiederbewaffnung Deutschlands, Gerhard gehörte zu den Initiatoren der Ostermarschbewegung. Der Einsatz für den Frieden prägte bei beiden das ganze Leben. Doch auch im geistig-künstlerischen Bereich waren die Brüder verbunden. Ein Zeichen dafür ist ihre Zusammenarbeit bei der 1969 publizierten theologisch-ästhetischen Betrachtung von Rembrandts Radierung »Die große Krankenheilung«, dem sogenannten »Hundertguldenblatt«.

Ihren ganz eigenen Weg fand Gerda Gollwitzer, die als herausragende Landschaftsarchitektin und »das grüne Gewissen« in die Geschichte einging. Nach dem verlorenen Krieg sahen viele Stadtväter in den Grünanlagen freies Bauland, und es kostete viel Kraft und Überzeugungsarbeit, die Parks für Mensch und Natur zu erhalten. Auch eine veränderte Nutzung lag ihr sehr am Herzen – weg vom steifen Flanieren auf Kieswegen, hin zum aktiven Umgang mit den Wiesen zum Ballspielen, Picknicken oder einfach zum Liegen. Bereits 1962 verfasste sie ein Buch über »Dachgärten und Dachterrassen«, ein Thema, dessen Bedeutung sie schon damals erkannte. Gerda Gollwitzer wirkte an der Schnittstelle von Natur und Kultur für die Menschen, zuletzt mit ihrem vortrefflichen Werk »Botschaft der Bäume. Gestern – heute – morgen?«. Sie ist eine der wenigen Frauen, denen man ob ihrer Verdienste die Ehrendoktorwürde der Technischen Universität Berlin verliehen hat.

Helmut Gollwitzers Leben ist gut dokumentiert, zahlreiche Bücher von und über ihn legen Zeugnis ab und lassen nachspüren, was für ein Mensch er gewesen ist und was ihm am Herzen lag. Menschlich berührend und aufschlussreich ist der Briefwechsel mit seiner Verlobten Eva Bildt von 1940 bis 1945. Diese erst 2008 unter dem Titel »Ich will Dir schnell sagen, daß ich lebe, Liebster« veröffentlichten Dokumente erzählen nicht nur von einer Liebesgeschichte in den Zeiten von Krieg und Gewaltherrschaft, sondern auch vom Ringen um Hoffnung und Zuversicht. Eva, Tochter des Schauspielers Paul Bildt und dessen jüdischer Frau Charlotte, nahm sich am 27. April 1945 das Leben, nachdem sie in Berlin Zeugin von Vergewaltigungen durch Rotarmisten geworden war. Helmut Gollwitzer erfuhr vom Tod seiner Verlobten erst ein Jahr später in russischer Kriegsgefangenschaft. Die Schilderungen seiner Erlebnisse erschienen 1951 unter dem Titel »… und führen, wohin Du nicht willst«, und er widmete das Buch dem Gedenken an Eva Bildt und ihre Mutter. Für Helmut, der Silvester 1949 aus der sowjetischen Gefangenschaft zurückgekehrt war, sollte dieses Buch große Bedeutung erlangen. Seine darin enthaltene Abrechnung mit dem Stalinismus und sein Engagement gegen die Nazis machten ihn zum »Hofkaplan des Bonner Regierungslagers«, wie er es später einmal schmunzelnd gegenüber der Journalistin Carola Stern ausdrückte.

Gollwitzers Hinwendung zum Gesellschaftlichen, zum Politischen, war ein Prozess über einige Jahre, den vor allem sein Freund Gustav Heinemann vorantrieb. So war es nur konsequent, dass Gollwitzer 1957 dem Ruf als Professor an die Philosophische Fakultät der Freien Universität Berlin folgte. Helmut zog mit seiner Brigitte, die eine tiefe Beziehung zur Dahlemer

Gemeinde hatte, in die geteilte Stadt. Ihren ursprünglichen Plan, Mischlingskinder zu adoptieren, gaben die beiden schnell auf. Zu viele Studenten schlüpften bei ihnen unter und sahen sie als »Vizeeltern«. Helmut Gollwitzer bezeichnete seine Frau als sein Gewissen und seinen Motor gleichermaßen. Sie war ihm fürsorgliche Begleiterin, ordnende Hand und Korrektiv in einem. Als er daranging, in seinem Hauptwerk »Krummes Holz – aufrechter Gang« das Evangelium mit der Suche nach dem Sinn des Lebens zu verbinden, war es Brigitte, die ihn immer wieder ermahnte, allgemein verständlich und nicht »zu theologisch« zu schreiben.

Bis ins hohe Alter blieb Helmut Gollwitzer engagiert und setzte sich öffentlich für den Frieden ein. 1983 nahm er mit fast 75 Jahren an der Blockade der US-amerikanischen Raketeneinrichtungen teil und wurde deshalb wegen Nötigung verurteilt. Am 29. Oktober 1993 wurde Helmut Gollwitzer auf dem Friedhof der St.-Annen-Kirche in Dahlem beerdigt. Sein langjähriger Freund und Wegbegleiter Friedrich-Wilhelm Marquardt schloss die Trauerpredigt mit folgenden Worten: *Wir haben ihn in seinem alltäglichen Räuberzivil in den Sarg gebettet, nicht in einem Totenhemd: Karohemd und Cordhose. So wartet er darauf, dass Gott und Jesus sein Hoffen erfüllen werden.*

* * *

Wilhelm Benedikt Gollwitzer, Friederikes Vater, geriet in Erbendorf mehr und mehr unter Druck. Schließlich nötigte man ihn zur Mitgliedschaft in der NSDAP: *Wer die Partei ablehnt, der lehnt diesen Staat ab und hat keinen Platz mehr als Beamter. Wenn Sie es nicht nötig haben, Lehrer zu sein, können Sie gerne im Straßenbau arbeiten.*

Schweren Herzens trat er in die Partei ein, doch trotz dieses Zugeständnisses blieb er weiter unter Beobachtung, und als es für ihn 1941 erneut gefährlich wurde, ließ er sich noch einmal ins Lungensanatorium Hausstein im Bayerischen Wald einweisen. Nach Kriegsende machte man Wilhelm Benedikt Gollwitzer seine erzwungene Parteimitgliedschaft auch noch zum Vorwurf, was ihn sehr enttäuschte und deprimierte. Mehr als ein Jahr lang verweigerte man dem Lehrer die Wiedereinstellung, und während dieser Zeit erhielt er kein Gehalt. Für einen Familienvater mit vier Kindern eine nahezu unerträgliche Situation. Mit viel Improvisationstalent und der Hilfe von Verwandten und Bekannten gelang es zwar, diese schlimme Zeit materiell zu überbrücken, nicht aber sie psychisch zu überwinden. Mitte der 1950er Jahre kam er als Schulrat mit Frau und sieben Kindern nach Regensburg, wo seine pädagogischen Fähigkeiten und Ideen mehr geschätzt wurden und wo er Dinge beeinflussen und verändern konnte.

Für sein Orgelspiel beim Gottesdienst erhielt der »Herr Lehrer« in Erbendorf als Vergütung Holz aus dem Kirchenwald. In den 1930er Jahren ließ er sich daraus eine robuste Eckbank anfertigen, die seit seinem Tod 1983 immer noch ihren Dienst in Friederikes Haus tut – tagtägliche konkrete Erinnerung an ihren Vater. An den Vater, der nur ein einziges Mal in seinem Leben, im hohen Alter, die Mohrensteinmühle besucht hatte.

***

Fast acht Jahre beschäftigte sich Friederike mit der »Spur der Ahnen«, mit der Familie, der näheren und weiteren Verwandtschaft. Schnell erkannte sie, dass es dabei um mehr ging als um Stammbäume oder um einen voyeuristischen Blick in die Vergangenheit. Bei ihrer Suche stieß sie auf spannende Themen der Geschichte, faszinierende Details einzelner Biografien und verdrängte Tabus. Was sie entdeckte, waren keine engen Kammern oder finstere Keller, sondern ein weites Feld, das ihren

Horizont in ungeahntem Maß weitete. Die Freude über unerwartete Entdeckungen wechselte sich ab mit dem Entsetzen über unsägliche Verstrickungen.

Dinge, die ihr vorher unklar gewesen waren oder die sie schlicht nicht gewusst hatte, erhellten und enthüllten sich, wie zum Beispiel das Verhalten der evangelischen Kirche im Dritten Reich.

Vor allem aber sah Friederike sich selbst als Teil eines Netzes mit unendlich vielen Kreuzungspunkten. Das Verhältnis zu ihrem Vater veränderte sich im Nachhinein so positiv, wie sie es nie für möglich gehalten hätte. Zu seinen Lebzeiten war es ihr nie gelungen, Zugang zu seinem verschlossenen, in sich zurückgezogenen Wesen zu finden. Durch die intensive Beschäftigung mit der Vergangenheit lernte sie ihn besser kennen und verstand seine Beweggründe, Sehnsüchte und Enttäuschungen.

Die Ahnenforschung hatte als reizvolle Freizeitbeschäftigung begonnen, nun erwies sie sich als Heilung für Friederikes Psyche, »Selbstbestimmung« als Entdeckung der eigenen Koordinaten im Labyrinth des Lebens.

ENDE

Quellen

Bücher und Zeitschriften:

»Die Gollwitzer«, Hrsg. Fritz Gollwitzer u. Wilhelm Gollwitzer, Selbstverlag d. Verf., Münchberg 1929.

»Über die Mohrensteinmühle« und **»St. Ötzen«**, in »Geschichte der Gemeinde Flossenbürg. Band 1«, A. W. Schuster, Hrsg. Gemeinde Flossenbürg, Spintler Druck und Verlag GmbH, Weiden 1990.

»Mohrenstein«, Fritz Gollwitzer, Münchberg in »Der obere Naabgau«, Verein für Heimatpflege im oberen Naabgau, Weiden, Opf., 2. Heft 1929.

»Good Bye Bayern, Grüß Gott Amerika«, Hrsg. M. Hamm, M. Henker u. E. Brockhoff, Haus der Bayerischen Geschichte, Augsburg 2004.

Zeitschrift »Migration«, Heft 45/2002, Institut für Sozialarbeit und Sozialpädagogik e. V. (ISS-Frankfurt a. M.)

»Franz Xaver von Schönwerth: Prinz Roßzwifl und andere Märchen«, Hrsg. Erika Eichenseer, Dr. Peter Morsbach Verlag, Regensburg 2010.

»Oberpfälzer Leben«, Hrsg. Erika u. Adolf Eichenseer, Morsak Verlag, Grafenau 2009.

»Heimat Oberpfalz«, Gertrud Benker, Friedrich Pustet Verlag, Regensburg 1965 u. 1981.

»Erinnerungen eines deutschen Naturforschers«, Johannes Stark, Hrsg. Andreas Kleinert, Bionomica Verlag, Mannheim 1987.

»Weiße Juden in der Wissenschaft«, SS-Zeitung »Das Schwarze Korps« mit einem Kommentar v. Johannes Stark, 15. Juli 1937.

»Jüdische und deutsche Physik«, Johannes Stark in »Jüdische und deutsche Physik«, Hrsg. Dr. Wilhelm Müller, Helingsche Verlagsanstalt, Leipzig 1941.

»Das naturwissenschaftliche Weltbild der Gegenwart«, Arthur Neuberg, Vandenhoeck & Ruprecht, Göttingen 1939.

»Deutsches Geistesleben und Nationalsozialismus«, Hrsg. Andreas Flitner, Rainer Wunderlich Verlag, Tübingen.

»Naturwissenschaft und Technik in der Geschichte«, Hrsg. Helmuth Albrecht, GNT-Verlag, Diepholz 1993.

»Helmut Gollwitzer – Skizzen eines Lebens«, Hrsg. F. W. Marquardt, W. Brinkel u. M. Weber, Christian Kaiser Gütersloher Verlagshaus 1998.

»Ich will Dir schnell sagen, daß ich lebe, Liebster«, Helmut Gollwitzer u. Eva Bildt, Briefe aus dem Krieg 1940-45, Hrsg. Friedrich Künzel u. Ruth Pabst, Verlag C. H. Beck, München 2008.

»... und führen, wohin du nicht willst«, Helmut Gollwitzer, Chr. Kaiser Verlag, München 1951.

»Die christliche Gemeinde in der politischen Welt«, Helmut Gollwitzer, J. C. B. Mohr, Tübingen 1954.

»Begegnungen mit Helmut Gollwitzer«, Hrsg. Ulrich Kabitz u. F. W. Marquardt, Chr. Kaiser Verlag, München 1984.

»Krummes Holz – aufrechter Gang«, Helmut Gollwitzer, Chr. Kaiser Verlag, München 1970.

»Nachrufe«, Helmut Gollwitzer, Chr. Kaiser Verlag, München 1977.

»Der Querdenker – Wie Helmut Gollwitzer Christen für den Frieden gewann«, Ralph Ludwig, Wichern-Verlag, Berlin 2008.

»Der St. Annen-Kirchhof in Berlin-Dahlem«, Hrsg. Thomas Leihberg, Stapp Verlag, Berlin 1995.

»Die St.-Annen-Kirche in Berlin-Dahlem«, Gundolf Herz, Deutscher Kunstverlag, München-Berlin.

»Rembrandt Hundertguldenblatt«, Betrachtungen von Gerhard u. Helmut Gollwitzer, Evangelisches Verlagswerk, Stuttgart 1969.

»Die durchsichtige Welt – ein Swedenborg-Brevier«, Gerhard Gollwitzer, Verlag Günther Neske, Pfullingen 1953.
»Die Geisterwelt ist nicht verschlossen«, Gerhard Gollwitzer, Swedenborg-Verlag, Zürich.
»Bäume«, Gerda Gollwitzer, Schuler Verlagsgesellschaft, Herrsching 1980.

Privatdokumente und Briefe:

»Kindheit und Jugend in Mohrenstein«, Karl Gollwitzer, Typoskript, zusammengestellt v. Wilhelm Benedikt Gollwitzer, Erbendorf 1947.
Brief Wilhelm Benedikt Gollwitzer aus Hausstein an Gertrud und Arno Schüller, Marktleuthen 31.08.1941.
Brief Gerda Gollwitzer an Wilhelm Benedikt Gollwitzer, München 24.11.1980.

Internetseiten:

»Unterwegs zur mündigen Gemeinde – Die Evangelische Kirche im Nationalsozialismus am Beispiel der Gemeinde Dahlem«: www.niemoeller-haus-ausstellung.de – 1999.
»St. Verena – Lindau am Bodensee«: www.lindau-evangelisch.de – 1999.
»Nationalsozialismus.de – Literatur, Dokumente und Enzyklopädie«: www.nationalsozialismus.de – 2009.
»Historisches Lexikon Bayerns«: www.historisches-lexikon-bayerns.de – 2005-2011.
»Anzeiger für Hof und Umgegend – Berichte aus den Jahren 1861-1870«: www.marlesreuth.de – 1999-2002.

»Das Ökumenische Heiligenlexikon«:
www.heiligenlexikon.de – 2011.

»Formierungsphase des Machtkartells«:
www.aleph99.org – 2005.

»Ein Oberpfälzer als Nobelpreisträger«, Beitrag in der Zeitschrift »Die Oberpfalz« im Februar 1920. Dr. Robert Mayr:
www.markt-freihung.de – 2000.

»Satiregruppe ›Front Deutscher Äpfel‹ zur Würdigung von Johannes Stark«:
www.mv-schlagzeilen.de – 2008.

»Künstler gegen Atomkrieg«:
www.friedensatelier.de – 2005 - 2007.

»Das grüne Gewissen: Gerda Gollwitzer – Ehrendoktorin der TU Berlin«:
www.tu-berlin.de – 1996.

»Encyclopedia of Cleveland History«:
www.ech.cwru.edu/index.html – 2005 - 2011.

»The Cleveland Memory Project«:
www.clevelandmemory.org – 2002 - 2011.

»Briefe von Johann Heinrich zur Oeveste«:
www.nausa.uni-oldenburg.de – 2005.

»USA Social Security Death Index«:
www.ancestry.com – 2005 (kostenpflichtige Seiten!).

»Passenger and Immigration Index«, »Baltimore Passenger and Immigration Lists Volume 2, 1851 - 1872«, »Germans to America, 1850 - 1874«, »Germans to America, 1875 - 1888« u. »U. S. Census Rolls«:
www.genealogy.com – 2005 (kostenpflichtige Seiten!).

»7th Cavalry Muster Rolls«:
www.friendslittlebighorn.com – 2004.

Und für viele, viele Informationen:
www.wikipedia.de

Mündliche Zeugnisse:

Wilhelm Benedikt Gollwitzer, Regensburg
Erika und Ilse Friedeberg, London und Genf
Wilhelmine und Helmut Radies, Mohrenstein
Elisabeth und Rainer Radies, Mohrenstein
Frau Schwanitz, St. Ötzen

Gollwitzer Stammbaum (Ausschnitt) - handelnde Personen sind grau unterlegt

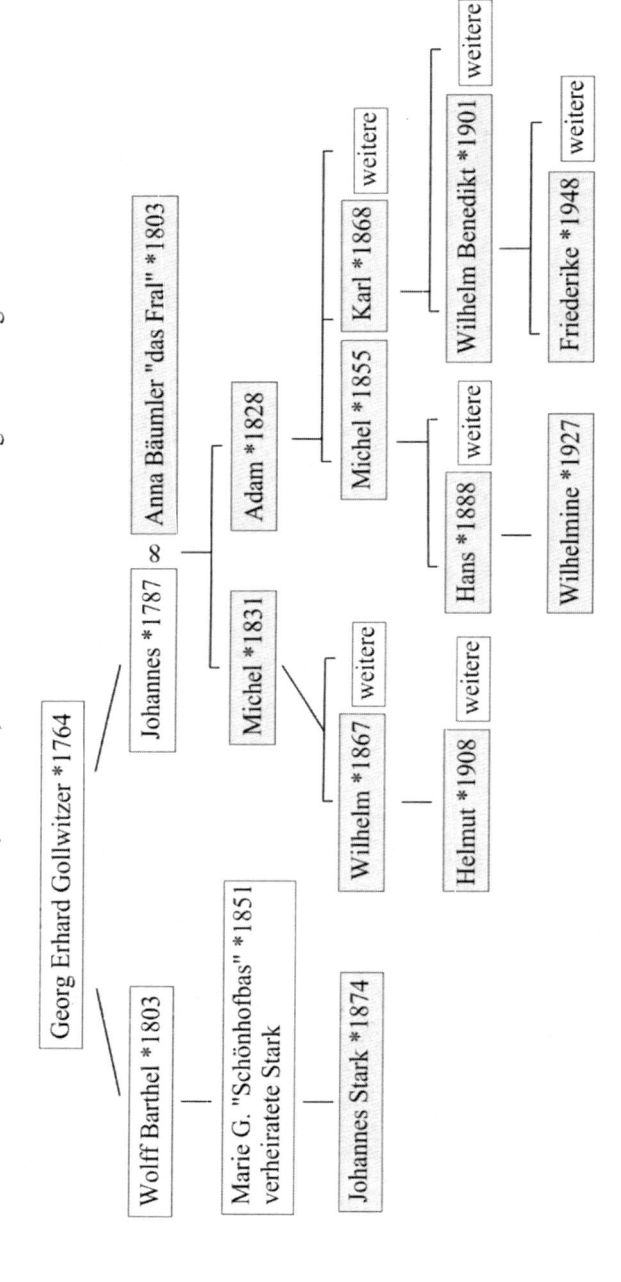

- Georg Erhard Gollwitzer *1764
  - Wolff Barthel *1803
    - Marie G. "Schönhofbas" 1851 verheiratete Stark
      - Johannes Stark *1874
  - Johannes *1787 ∞ Anna Bäumler "das Fral" *1803
    - Michel *1831
      - Wilhelm *1867 — weitere
        - Helmut *1908 — weitere
    - Adam *1828
      - Michel *1855
        - Hans *1888 — weitere
          - Wilhelmine *1927
        - Karl *1868 — weitere
          - Wilhelm Benedikt *1901 — weitere
            - Friederike *1948 — weitere

214 Books on Demand · Gerd Scherm

Chriſtoph Gollwitzer, (Höfen 265), * 14. VII. 1809, † 22. IV. 1887, mit ſeiner Familie (Aufnahme 1865).
Obere Reihe: Michael Meyerhofer; Johann Gollwitzer, * 30. V. 1849; Heinrich, * 20. XI. 1844; Margarete, * 6. IV. 1847; Joh. Michael, * 15. V. 1840.
Untere Reihe: Regine, * 11. III. 1837; Chriſtoph; Chriſtian, * 21. VIII. 1855; Eva Luiſe, * 9. X. 1851; Eva, * 1. VI. 1842.

Georg Christoph Gollwitzer und Nachkommen (Ausschnitt)

Georg Gollwitzer 1809-1887 ∞ 1. Frau: Magdalena Margarete Lang 1812-1852

Vetter von Adam Gollwitzer, Mohrenstein

- Eleonore "Elli" Regine *1837
- Magdalena Eva *1839, Totgeburt
- Michel *1840, nach Amerika
- Eva Magdalena *1842
- Heinrich *1844, nach Amerika
- Margarete Katharina *1847, nach Amerika
- Johann *1849, gefallen 1870/71
- Eva Luise *1851, nach Amerika

∞ 2. Frau: Anna Margarete Meyerhofer 1823-1864

- Michael Meyerhofer ca.*1850, Stiefsohn
- Christian *1855, nach Amerika
- Christoph *1858, Totgeburt
- Eva Margarethe *1862, Totgeburt

Weitere Titel der Edition BoD

Edition BoD

ISBN 978-3-8448-4166-4, 17,90 €

Axel Schnell
Der Kampf um Atlantis, Thule und Avalon jenseits der Zeiten

„Wir Leser haben ein Riesenvergnügen an diesem wunderbar durchgeknallten Irrwitz."
Vito von Eichborn

ISBN 978-3-8448-5256-1, 24,90 €

Swantje Naumann
Von Liebe und Krieg – harte Zeiten für Hanseaten

„Ich habe dieses Buch mit größtem Vergnügen und ebensolchem Gewinn gelesen."
Vito von Eichborn

ISBN 978-3-8448-6949-1, 8,90 €

Markus B. Altmeyer
Meine Freundin, der Zeitgeist und Ich

„Mir bleibt nur, dieser Novelle – die gleichzeitig heutigen Zeitgeist einfängt und etwas schön Altmodisches hat – viele Leser zu wünschen."
Vito von Eichborn

ISBN 978-3-8448-7227-9, 23,90 €

Bernhard Weßling
Hier nennt man mich „LaoWei"

„Ein Buch aus China über China wie kein anderes."
Vito von Eichborn

Bücher für Entdecker
Books on Demand bietet Autoren ein neues Verlagskonzept. Viele Debütanten, etablierte Autoren und engagierte Verleger nutzen den Publikationsservice von Books on Demand und bereichern den Buchmarkt mit interessanten und außergewöhnlichen Titeln. Vito von Eichborn, einer der innovativsten Buchmacher Deutschlands, wählt als Herausgeber für die Edition BoD herausragende Neuerscheinungen aus. Lesen Sie selbst, welche Entdeckungen das Programm von Books on Demand möglich macht.
Mehr Infos auch auf www.bod.de.

Bibliografische Information der Deutschen Bibliothek:
Die Deutsche Bibliothek verzeichnet diese Publikation
in der Deutschen Nationalbibliografie;
detaillierte Daten sind im Internet über
<http://dnb.ddb.de> abrufbar.

© 2012 Gerd Scherm

Satz, Umschlagdesign, Herstellung und Verlag:
Books on Demand GmbH, Norderstedt

ISBN: 978-3-8448-2778-1